ANALYSEN UND REFLEXIONEN
Band 61

Harro Gehse

Theodor Fontane
Effi Briest

Interpretationen und
unterrichtspraktische Hinweise

Joachim Beyer Verlag – Hollfeld

ISBN 978-3-88805-391-7

5. überarbeitete Auflage 2007

© 1987 by Joachim Beyer Verlag, 96142 Hollfeld
Alle Rechte vorbehalten!
Druck: Spaudos projektai, Litauen

INHALTSVERZEICHNIS

1. Daten und Fakten zur Geschichte Preußens 5
2. Theodor Fontane: Lebens- und Werkskizze 8
3. Epiker und Kritiker des Preußen-Mythos 12
4. Zum Roman „Effi Briest" 20
   4.1 Entstehung und unmittelbare Wirkung 20
   4.2 Der Inhalt des Romans mit Interpretationen und Anmerkungen 27
   4.3 Figurencharakteristik 62
   4.4. Wort, Personen und Sacherläuterungen 67
   4.5 Fontanes Realismus 88
   4.6 Interpretationsaspekte
   Literaturwissenschaftler über „Effi Briest" 96
5. „Effi Briest" im Unterricht – Ideenskizze 103
6. Literaturauswahl 110

1. Daten und Fakten zur Geschichte Preußens[1]

Gegen Ende des 18. Jahrhunderts wird Europa durch große soziale und ökonomische Umwälzungen erschüttert. In diese Zeit fällt der Aufstieg **Preußens** zu einer europäischen Großmacht mit ihren unverwechselbaren und charakteristischen Tugenden der Disziplin, Ordnung und Verlässlichkeit, wie Sie kein anderer Staat in einer vergleichbaren Perfektion kultiviert hat neben einer großen Zahl weiterer kultureller, sozialer, militärischer und administrativer Qualitäten. Mit wenigen einleitenden Daten soll die Entwicklung des preußischen Staates umrissen werden, wie sie sich unter mannigfachsten Einflüssen vollzog.

1786 Friedrich der Große stirbt. Sein Nachfolger wird Friedrich Wilhelm II.
1792 Österreich führt gegen Frankreich Krieg und wird dabei von Preußen unterstützt.
1794 In Preußen wird das „Allgemeine Landrecht" eingeführt; Quadriga und Viktoria auf dem Brandenburger Tor in Berlin.
1798 Bildung einer Koalition: England, Frankreich und die Türkei. – Preußen wahrt Neutralität.
1805 Neue Koalition (England, Österreich, Russland, Schweden) und Krieg gegen Frankreich. – Preußen weiterhin neutral.
1806 Napoleon beherrscht Europa. Schwere Niederlage Preußens in der Schlacht bei Jena/Auerstedt. Sachsen geht ein Bündnis mit Frankreich ein.
1807 Preußische Reformen (Bauernbefreiung).
1808 In Preußen neue Städteordnung (Prinzip der Selbstverwaltung); durchgreifende Reform der preußischen Verwaltung.
1810 In Preußen wird die Gewerbefreiheit eingeführt; Tod der Königin Luise von Preußen.

---

[1] Daten zur Geschichte Preußens siehe allgemeine Literatur im Kapitel 6

1812	Unter dem Einfluss der Freiheitsbewegung in der neuen Welt beginnt in Preußen der Aufstieg des Judentums parallel zur allgemeinen bürgerlichen Emanzipation.
1814	Allgemeine Wehrpflicht in Preußen.
1815	Zusammenbruch der Herrschaft Napoleons. Die alten Mächte (Kirche, Dynastie, Bürokratie) gehen gestärkt daraus hervor. „Heilige Allianz" (Preußen, Österreich, Russland).
1817	Wartburgfest. – Forderung eines deutschen Nationalstaats.
1818	Verfassungen in Baden und Bayern. 1824 Bildung der preußischen Rheinprovinz.
1828	Gründung von Zollvereinen.
1832	Hambacher Fest. – Aufhebung der Presse- und Versammlungsfreiheit.
1833	Preußen gründet deutschen Zollverein.
1835	Die Schriften des „Jungen Deutschland" werden verboten (u. a. Gutzkow, Heine).
1838	Erste preußische Eisenbahn zwischen Berlin und Potsdam.
1840	König Friedrich Wilhelm III. stirbt.
1848	Entwurf einer deutschen Verfassung in Frankfurt (Parlament in der Paulskirche).
1850	Gründung der Deutschen Union (Parlament in Erfurt).
1851	Bismarck Gesandter Preußens in Frankfurt.
1858	Prinz Wilhelm übernimmt die Regentschaft in Preußen.
1862	Bismarck preußischer Ministerpräsident unter Wilhelm I.
1863	Ferdinand Lasalle gründet in Leipzig den „Allgemeinen deutschen Arbeiterverein".
1864	Gründung der 1. Internationale in London durch Karl Marx.
1866	Jahr bedeutender Erfolge Preußens: Sieg bei Königgrätz über die Österreicher. Vorfrieden von Nikolsburg. Preußen annektiert u. a. Hannover und Frankfurt.
1867	Bismarck wird Bundeskanzler.
1869	Gründung der „Sozialdemokratischen Arbeiterpartei" in Eisenach (Bebel, Liebknecht).
1870	Krieg zwischen Frankreich und Deutschland.

1871 Friede von Frankfurt; Elsass und Lothringen zu Deutschland; hohe Kriegsentschädigung an Deutschland. – In diesem Jahr leben über 40 Millionen Menschen in Deutschland.

Für Gordon A. Craig vollzieht sich der Prozess des allmählichen Untergangs Preußens über eineinviertel Jahrhunderte, beginnend mit dem Jahr 1806, mit der desillusionierenden Niederlage bei Jena/Auerstedt, sich bis in die Jahre der Weimarer Republik fortsetzend.[2]

Fontanes Leben war mit Preußen des ausgehenden 19. Jahrhunderts engstens verbunden, und so ist sein Leben in vielen Facetten ein Spiegel jener Epoche, deren Glanz und Größe auch für die Gegenwart mehr als nur „Geschichte" ist; deren fataler Hang zu „Form und Etikette" aber auch verhängnisvolle Irrtümer und großes Leid hervorrief. „Effi Briest" ist nur eines ihrer „Opfer".

---

[2] vgl. Gordon A. Craig. Das Ende Preußens, S. 10

2. Theodor Fontane: Lebens- und Werkskizze

1818 30. Dezember: Henri Theodore (Theodor) Fontane in Neuruppin geboren.
1826 8. Juli: Fontanes Vater verkauft die Löwenapotheke in Neuruppin.
1827-1832 Kindheit in Swinemünde; Stadtschule, dann Unterricht durch Vater und Hauslehrer befreundeter Familien.
1832 Eintritt in die Quarta des Gymnasiums Neuruppin; erste Veröffentlichung (Lyrik).
1833 Eintritt in die Friedrichswerdersche Gewerbeschule K. F. Klödens.
1835 Erste Bekanntschaft mit Familie Rouanet Kummer.
1836 EinjährigenZeugnis, Apothekerlehrling. Dezember: Erstes gedrucktes Werk: Versnovelle „Geschwisterliebe" im „Berliner Figaro".
1840 8. Januar: Zeugnis als Apothekergehilfe; JanuarMärz: Zwei Gedichte im „Berliner Figaro"; Sommer: Novelle „Heinrich IV. erste Liebe"; naturalistischer Roman „Du hast recht getan!" (nicht überliefert);
1. Oktober: Eintritt in Apotheke Dr. Kannenbergs in Burg bei Magdeburg; Satirisches Epos „Burg"; 30. Dezember: Rückkehr nach Berlin.
1841 Lyrisches Werk, vielfach mit sozialrevolutionärem Einschlag; Publikationen in Leipziger Zeitungen und Zeitschriften, Herwegh-Club; 1. April: Eintritt in Apotheke „Zum weißen Hirsch" in Leipzig.
1842 1. Juli: Eintritt in „Salomonsapotheke" in Dresden.
1843 1. April: „Defektor" in der Apotheke des Vaters in Letschin/Oderbruch;
23. Juli: Bernhard von Lepel führt Fontane in den literarischen Verein „Tunnel über der Spree" ein.
1844 1. April: Einjährig Freiwilliger im Gardegrenadierregiment „Kaiser Franz"; 25. Mai 10. Juni: Erste Reise nach London; 29. September: Aufnahme in den „Tunnel".
1845 1. April: Beendigung des Militärdienstes, „Rezeptar" in Letschin;

	24. April: Eintritt in die „Polnische Apotheke" in Berlin; 8. Dezember: Verlobung mit Emilie Rouanet Kummer.
1846	30. Juni: Ausscheiden aus der „Polnischen Apotheke", Vorbereitung auf das Staatsexamen.
1847	2. März: Staatsexamen, „Apotheker erster Klasse"; Juni: Anstellung im Krankenhaus „Bethanien" als Ausbilder; August bis November: Vier revolutionäre Artikel in „Berliner Zeitungshalle".
1848	18. März: Teilnahme an den Barrikadenkämpfen.
1849	Oktober: Aufgabe der Apothekerlaufbahn, freier Schriftsteller, politischer Korrespondent der „Dresdner Zeitung".
1850	Veröffentlichung von 29 chiffrierten Korrespondenzen in „Dresdner Zeitung"; 16. Oktober: Heirat; „Von der schönen Rosamunde"; „Männer und Helden. Acht Preußenlieder"; Herbst: Diätarische Anstellung im literarischen Büro des preußischen Innenministeriums.
1851	Verzweifelte „Etablierungs Versuche", Verweigerung einer Poetenpension durch den König wegen fragwürdiger politischer Gesinnung; Mai: Erste Buchausgabe der Gedichte; 14. August: Sohn Georges Emile geboren; Eröffnung einer Schülerpension, Erteilung englischen Privatunterrichtes; 1. November: Eintritt in die „Zentralstelle für Presseangelegenheiten".
1852	23. April – 25. September: Reise nach London, Korrespondenzen für „ministerielle" preußische Presse. 1853 Aufsatz „Unsere lyrische und epische Poesie seit 1848" erscheint. Debut als Literaturkritiker und Historiker.
1854	Juli: Erstes Reisebuch „Ein Sommer in London"; 3. Dezember: Erster Vortrag des „Archibald Douglas" im „Tunnel".
1855-1859	Aufenthalt in England; zahlreiche Reportagen und Feuilletons für deutsche und englische Zeitungen und Zeitschriften, Theaterkritiken, Presseagent der deutschen Regierung.
1856	3. November: Sohn Theodore Henry geboren.

1858 2. Dezember: Nach dem Sturz des Ministeriums Manteuffel kündigt Fontane seine Stellung.
1859 15. Januar: Fontane verlässt England; 18. – 23. Juli: Erste „Märkische Wanderungen" mit Lepel „ins Ruppinsche"; 31. August – 3. September: Erster Wanderungsaufsatz „In den Spreewald" erscheint.
1860 21. März: Tochter Martha (Mete) geboren; „Aus England. Studien und Briefe über Londoner Theater, Kunst und Presse", „Jenseits des Tweed. Bilder und Briefe aus Schottland", „Balladen"
1. Juni: Eintritt in die „Kreuzzeitung".
1861 Erster Band der „Wanderungen durch die Mark Brandenburg" (preußischstes Buch Fontanes). 1863 Beginn der Arbeit am Roman „Vor dem Sturm". 1864
5. Februar: Sohn Friedrich (Frieder) geboren; Reise auf dänischen Kriegsschauplatz, Besuch von Kopenhagen und Husum (Storm).
1865 „Der Schleswig Holsteinische Krieg im Jahre 1864"
1866 August und September: Reise auf die Kriegsschauplätze von 1866.
1870 20. April: Kündigung der Stellung bei der Kreuzzeitung; Juni: Theaterrezensent der „Vossischen Zeitung"; 27. September: Abreise zum deutsch-französischen Kriegsschauplatz;
5. Oktober: Festnahme in Domremy unter Spionageverdacht, Internierung auf der Ile d'Olóron; 5. Dezember: Rückkehr nach Berlin.
1871 „Kriegsgefangen. Erlebtes 1870";
9. April – Mitte Mai: „Osterreise" durch Nordfrankreich, „Aus den Tagen der Okkupation".
1872 Alexis-Essays.
1874 30. September – 19. November: Reise mit Emilie nach Italien.
1875 3. August – 7. September: Reise durch die Schweiz.
1876 März bis August: Erster Sekretär der Königlichen Akademie der Künste.
1878 „Vor dem Sturm".
1879 „Grete Minde".
1881 Letzter Band der „Wanderungen"; „Spreeland"; „Ellernklipp".

1882	„L'Adultera"; „Schach von Wuthenow",
1884	„Graf Petófy";
	Sommer: Bekanntschaft mit Dr. Georg Friedländer im Riesengebirge, Korrespondenz bis zum Tode.
1885	„Unterm Birnbaum".
1887	„Cécile";
	24. September: Tod des Sohnes Georges Emile.
1888	Ende der Rezensionstätigkeit am Königlichen Schauspielhaus. Fontane übernimmt für „Vossische Zeitung" Kritik der Aufführungen des Vereins „Freie Bühne für modernes Leben"; „Irrungen, Wirrungen".
1889	„Fünf Schlösser. Altes und Neues aus Mark Brandenburg"; „Gedichte. Dritte, vermehrte Auflage".
1890	„Stine".
1891	Schillerpreis; Entstehung der „Mathilde Möhring" (erschienen 1907).
1890-1891	Erste Gesamtausgabe der erzählenden Werke in 12 Bänden.
1892	„Gedichte. Vierte Auflage"; „Unwiederbringlich"; „Frau Jenny Treibel oder'Wo sich Herz zum Herzen find't'"; „Meine Kinderjahre" (erster wirklicher Erfolg als Erzähler).
1894	25. September: Letzte (anonyme) Theaterkritik über Hauptmanns „Weber"; 8. September: Ehrendoktor der Philosophischen Fakultät der Universität Berlin; „Von vor und nach der Reise".
1895	**„Effi Briest".**
1896	„Die Poggenpuhls".
1897	„Gedichte. Fünfte, vermehrte Auflage".
1898	20. September: Fontane stirbt abends gegen 9 Uhr. Anwesend ist nur seine Tochter Mete; „Von Zwanzig bis Dreißig", „Der Stechlin".

3. Epiker und Kritiker des Preußen-Mythos

In der Zeit, als „Effi Briest" zunächst im Vorabdruck und dann als Buch erschien, vollendete Theodor Fontane sein 75. Lebensjahr. Das offizielle Preußen, vor allem der preußische Adel, nahmen davon kaum Notiz. Zum Geburtstagsempfang erschienen nicht die Ribbeck und Katte, die Bülow und Arnim, wie er in dem Gedicht „Zu meinem fünfundsiebzigsten" ironisch registrierte, sondern lauter „Leute von prähistorischem Adel", die Abram, Isaak und Israel. An Pfarrer Heinrich Jakobi schrieb er am 23. Januar 1895: „Das moderne Berlin hat einen Götzen aus mir gemacht, aber das alte Preußen, das ich durch mehr als vierzig Jahre hin in Kriegsbüchern, Biographien, Land- und Leuteschilderungen und volkstümlichen Gedichten verherrlicht hatte, das „alte Preußen" hat sich kaum gerührt und alles (wie in so vielen Stücken) den Juden überlassen."

Die reservierte Haltung des „alten Preußen" kam indes nicht von ungefähr. Seit Fontane 1850 den Apothekerberuf aufgegeben und begonnen hatte, seinen Lebensunterhalt als Journalist zu verdienen, zunächst im „Literarischen Büro" des preußischen Innenministeriums, dann als Presseagent in England, später als Redakteur der konservativen „Kreuzzeitung", galt er als loyaler Anwalt des offiziellen Preußentums. Insbesondere seine „Wanderungen durch die Mark Brandenburg" mit ihren liebevollen Schilderungen von Schauplätzen, Gestalten und Ereignissen der preußischen Geschichte, hatten ihn als Parteigänger der konservativen Richtung ausgewiesen. Doch schon frühzeitig regten sich Skrupel angesichts der moralischen Fragwürdigkeit seiner Position; am 28. 7. 1850 schrieb er seinem Freund v. Lepel: „Man hat vor den gewöhnlichen Lumpenhunden nur das voraus, dass man wie der wittenbergstudierte Hammel sich über seine Lumpenschaft völlig klar ist."

Zu deutlich drängten sich Fontane nach der Reichsgründung und dem Rummel der Gründerjahre die Spuren des Verfalls seines „vielgeliebten Adels" auf, als dass er in seinem erzählerischen Werk daran hätte vorbeigehen können. Der Adel sei ihm ein Gräuel, schreibt er 1894, aber als „Kunstfigur" bleibe er interessant. Er war nicht mehr die Säule, die das Ganze trägt, wie er im „Stechlin" feststellt, sondern nur noch „das alte Stein und Moosdach, das wohl noch lastet und drückt, aber gegen Unwetter nicht mehr schützen kann."

Es ist nicht zu verwundern, dass auf Fontanes radikalste Adelskritik, den Roman „Effi Briest", in dem der Ehrenkult als Götzendienst apostrophiert und die moralische Überlegenheit des vierten Standes durch einen führenden Vertreter der Beamtenhierarchie ausdrücklich anerkannt wurde, die herrschenden Kreise mit Nichtachtung und Ablehnung reagierten.

Thomas Mann fand, Fontanes „politische Psyche" sei in einem „sublimen Sinn unzuverlässig" gewesen.[3] Der junge Fontane hatte sich für die revolutionären Dichter Freiligrath und Herwegh begeistert und auf seiner ersten Englandreise schrieb er in sein Tagebuch: „Beide, die Presse und der Sprecher im Haus der Gemeinsamen (House of Commons) – decken rücksichtslos die Gebrechen des Staatskörpers, die Not der einzelnen auf, – wo aber ist in unseren Landen eine freie Meinungsäußerung gestattet?" Nach dem Eintritt in die Dichtervereinigung „Der Tunnel über die Spree" verwandelte sich die Herwegh-Begeisterung in preußische Gesinnung. Unter dem Anpassungsdruck dieses literarischen Klubs, in dem Geibel, Heyse, Storm und Dahn den Ton angaben, besonders jedoch unter dem Einfluss des Grafen Strachwitz, „einem auf die Kehrseite gefallenen Herwegh", dichtete Fontane seine glorifizierenden Preußenballaden, in denen er die Feldherren Zieten, Seydlitz und Schwerin verherrlichte. „Was er in diesen preußischen Balladen besingt, das ist keine abgetane Vergangenheit ... es handelt sich hier einerseits um romantische Flucht aus der Wirklichkeit, um Zuflucht in die ästhetische Illusion, und andererseits um eine Neuformung der Wirklichkeit durch die Subjektivität."[4]

Die „erfundene Wirklichkeit", deren Sinn darin bestand, „den subjektiven Wunsch und die reale Umwelt wieder zu versöhnen"[5], hielt den Revolutionsstürmen des Jahres 48 nicht stand. Diese sahen Fontane auf der Seite der Aufständischen, wenn er auch später in seinem Erinnerungsbuch „Von Zwanzig bis

---

3) Th. Mann. Der alte Fontane. Gesammelte Werke, Band IX, S. 34
4) Pierre Bange. Zwischen Mythos und Kritik. In: Fontane aus heutiger Sicht, S. 25
5) ebenda, S. 23

Dreißig" seine Beteiligung ironisch herunterspielte. Am 3. 9. 1848 schrieb er in dem liberalen Blatt „Zeitungshalle": „Preußen muss zerfallen ... Preußen spricht so gerne von seinen Opfern, die es der deutschen Sache gebracht habe; nun denn so steh es nicht an, auch das letzte, größte zu bringen. Betrachte es sich als Mann, und drücke es todesmutig die Speere ins Herz um der Größe des Vaterlandes willen. Ein Tod kann unsterblicher sein als ein ganzes Leben." Das Jahr 1849 stellte Fontane vor schwerwiegende Entscheidungen. Das Provisorexamen hatte er geschafft, doch fehlten ihm die Mittel zum Erwerb einer eigenen Apotheke. Nach jahrelanger Verlobung konnte er die Heirat nicht länger hinausschieben. Er gab den Apothekerberuf auf und wurde Schriftsteller. Die Nöte des Existenzkampfes zwangen ihn von nun an in das Joch journalistischer Brotarbeit. Als er erfuhr, dass sein Freund aus dem „Tunnel", Kammergerichtsrat Traugott Wilhelm von Merckel (von ihm stammte der berüchtigte Satz „Gegen Demokraten helfen nur Soldaten") Chef des „Literarischen Büros" des preußischen Innenministeriums geworden war, schrieb er seinem Freund v. Lepel: „Wenn du was tun kannst, mich jetzt ... da hinein zu empfehlen, so setz alle Segel bei, aber mit Vorsicht. Ich gelte namentlich Merckel gegenüber, für einen roten Republikaner und bin jetzt eigentlich ein Reaktionär von reinem Wasser".[6] Ausdruck dieses erneuten Gesinnungswandels ist auch ein Brief an Wilhelm Wolfsohn, in dem es heißt: „Unseren parforce Demokraten zu Gefallen ... mein Vaterland zu schmähen und zu verkleinern, bloß um nachher eine vollkommenere Schweinewirtschaft und in dem republikanischen Flickenlappen, Deutschland genannt, noch lange nicht so viel deutsche Kraft und Tüchtigkeit zu haben wie jetzt in dem alleinigen Preußen, um diese Herrlichkeit zu erzielen, werde ich Preußen nicht in den Dreck treten."[7]

Fontane erhielt die Stelle, in der er „5 mal 4 Wochen Zeuge der Saucenzubereitung gewesen war, mit welcher das Literarische Kabinett das ausgekochte Rindfleisch Manteuffelscher Politik tagtäglich zu übergießen hatte".[8] Zwei Monate nach der Heirat wurde das „Literarische Büro" aufgelöst, und Fontane saß

---

6) Brief vom 8. April 1850
7) Brief vom 8. Dezember 1849
8) zitiert nach Ch. Jolles. Fontane und die Politik. S. 155

wieder auf der Straße. Seine Frau erwartete das erste Kind, und es kamen schwere Zeiten für das junge Paar. Fontane verdiente seinen Lebensunterhalt vorwiegend durch Artikelschreiben. 1852 ging er für einige Monate als Korrespondent der ministeriellen Presse nach London. Frucht dieses zweiten Englandaufenthaltes war das Buch „Ein Sommer in London". 1855 ging er abermals nach London, dieses Mal für mehr als drei Jahre; zunächst, um als Presseagent der preußischen Regierung die öffentliche Meinung im Sinne der offiziellen Politik zu beeinflussen, später als freier Mitarbeiter an ministeriellen Presseorganen; dazu kamen noch die „Neue Preußische Zeitung" und die „Vossische Zeitung". Ein Jahrzehnt war Fontane nunmehr Dichter, und öfter als ihm lieb war, hatte er sein „Eigentliches" im Interesse des Broterwerbs unterdrücken müssen. Es hatte ihm manche Enttäuschungen gebracht und am 8. Januar 1857 schrieb er seiner Frau: „Du fragst, wie mir meine Arbeit zusagt. Ich danke für gütige Nachfrage, und Patient befindet sich den Umständen nach wohl. Dies ist nicht Spaß, sondern Ernst. Ich bin eigentlich nach der Seite hin ganz befriedigt und lerne endlich einmal das schöne Gefühl kennen, in einem Beruf heimisch zu sein. Das Dichten ist eine herrliche Sache, und ich werde mich nie den Eseln zugesellen, die hinterher das Feld bespotten, auf dem sie Fiasko gemacht haben. Aber nur große dichterische Naturen haben ein Recht, ihr Leben an die Sache zu setzen. Ich bin gewiss eine dichterische Natur, mehr als tausend andre, die sich selber anbeten, aber ich bin keine große und reiche Dichternatur. Es drippelt nur so. Der einzelne Tropfen mag ganz gut und klar sein; aber es ist und bleibt nur ein Tropfen, kein Strom, auf dem die Nationen fahren und hineinsehen in die Tiefe und in das herkömmliche Sonnenlicht, das sich darin spiegelt."

Ein besonderes Erlebnis war Fontanes Reise nach Schottland. Später berichtete er, dass ihm beim Besuch des Douglasschlosses Lochlevencastle de Idee kam, die „Wanderungen durch die Mark Brandenburg" zu schreiben.

Nach dem Sturz des Kabinettes Manteuffel kündigte Fontane seine Stellung und kehrte nach Berlin zurück. Ein Jahr später wurde er Redakteur der stockkonservativen „Neuen Preußischen Zeitung" („Kreuzzeitung"). Hier fand er Zeit und Muße,

die Mark Brandenburg zu durchwandern und seine Beobachtungen schriftstellerisch zu verarbeiten.
Häufig wurden die „Wanderungen" als Fontanes „Eigentliches" gegen das erzählerische Werk seiner Altersjahre ausgespielt. Er selbst betonte jedoch am 17. 8. 1882 in einem Brief an Emilie Fontane, dass er erst nach der Veröffentlichung von drei Bänden der „Wanderungen" ein Mann geworden sei, „der sein Metier als eine Kunst betreibt, als eine Kunst, deren Anforderungen" er kennt.
Bange sieht in Fontanes „Wanderungen" eine Fortsetzung der Flucht aus der Wirklichkeit: „Das Reich der `Wanderungen` befindet sich in einer dem Mythos gefälligen ländlichen Sphäre; jede Anspielung auf die andere lästige Realität (Berlin, d.A.), gegen die der Mythos errichtet wurde, wird sorgfältig vermieden. Die Idylle herrscht vor, aber diese Idylle ist verfälscht ... Die `Wanderungen durch die Mark Brandenburg' setzen ein daneben existierendes Reich der Illusion und des Konformismus fort.[9]
Kritische Äußerungen in den „Wanderungen" beziehen sich vorwiegend auf aktuelle Entartungserscheinungen vom „echten Preußentum" und nehmen kaum den Charakter einer grundsätzlichen Kritik an. Doch dass der preußische Adel seine historische Rolle ausgespielt hatte, war ihm bereits klar geworden. „So sehr er der Gesinnung nach zu den Konservativen auch gehöre, so müsste er sich eingestehen, die Macht des Adels sei gebrochen und ginge über kurz oder lang ihrem Ende zu. Auf die Frage, was auf diese Herrschaft dann folgen solle, meinte er ‚Vielleicht das Gute!'", notierte Henriette von Merckel den Inhalt eines Gespräches mit Fontane.[10]
Im Mai 1870 gab Fontane „diese ganz gute, aber enfin doch ganz triviale Kreuzzeitungsstellung" auf. Sie sei das ganze Freiheitsopfer nicht wert gewesen. Er wechselte in ein freies Vertragsverhältnis zur „Vossischen Zeitung". Hier schrieb Fontane die Theaterrezensionen am Königlichen Schauspielhaus und konnte befriedigt feststellen: „Nichts ist rarer als innerliche Freiheit den Erscheinungen des Lebens und der Kunst gegenüber und der Mut, eine selbständige Empfindung auszusprechen".[11]

---

9) P. Bange, a. a. O., S. 45
10) Notiz vom 22. Juni 1865
11) Brief an M. Ludwig vom 2. Mai 1872

Neben den „Wanderungen durch die Mark Brandenburg" schrieb Fontane in den sechziger und siebziger Jahren die Bücher über die Kriege von 1864 bis 1870/71 sowie den Erlebnisbericht über seine Kriegsgefangenschaft. „Zwölf Jahre lang von 1864 bis 1876 habe ich nur in dieser Zeit und Kriegsgeschichte gelebt ... die Sache ist mir keine Herzensangelegenheit". Das offizielle Preußen nahm die Kriegsbücher kühl auf. Man vermisste Pathos und Siegerstolz. Selbst Kaiser Wilhelm I. ließ Fontane sein Missvergnügen in verletzender Weise spüren. Die strapazenreiche Fleißarbeit hatte Fontane nur ein bescheidenes Auskommen gesichert, und er nahm auf Drängen seiner Frau im März 1876 die Stelle eines ersten Sekretärs der Königlichen Akademie der Künste an. Abgestoßen vom bürokratischen Betrieb, suchte er nach kurzer Zeit um Entlassung nach. Seiner Frau schrieb er am 15. August 1876: „... Dinge, Personen, Zustände sind gleich unerquicklich. Ich passe in solche Verhältnisse nicht hinein ... Akademie lebe wohl! aber, enfin, es muss auch so gehen. Eine Fülle neuer Arbeiten ist angefangen, und mir ist nicht so zumute, als würde ich mit nächstem in den Skat gelegt. Im Gegenteil."

In der Folge dieser abrupten Entscheidung wandte sich Fontane endgültig der Epik zu, und es entstand sein erzählerisches Alterswerk, das ihn in der Nachwelt berühmt machte. In ihm manifestiert sich das endgültige Abrücken vom „Preußischen Mythos". Wenn man die Ursachen dieser Entwicklung verfolgen will, darf man die Ereignisse von 1870/71 und ihre Folgen nicht außer acht lassen.

Die staatliche Einheit hatten alle Deutschen jahrzehntelang herbeigesehnt, und die Reichsgründung wurde allgemein mit Jubel aufgenommen. Sie war vor allem eine Leistung Bismarcks, der sie mit staatsmännischem Geschick und diplomatischer Ranküne, vor allem aber mit „Blut und Eisen" erzwungen hatte. Ihr zollte Fontane vollen Respekt.

Die Mächtigen im neuen Deutschen Reich verschafften sich nun noch mehr Macht, Einfluss und Reichtum. „Enrichez vous" wurde zur Parole der Gründerzeit, der nicht nur die Großbourgeoisie, sondern auch der Adel hemmungslos folgten. Selbst der „Reichsgründer" wurde vom Spekulationsfieber gepackt und gründete Fabrikunternehmen.

Der Überschwang nationalistischer Hochstimmung machte bald allgemeiner Ernüchterung Platz, und Fontane registrierte mit feinem Gespür bereits im Jahr nach der Reichsgründung: „Ich kann es weniger beweisen als ich es fühle, dass in breiten Volksschichten, berechtigt und unberechtigt, eine tiefe Unzufriedenheit gährt. Das Sozialdemokratenthum wächst, reiht sich bereits in die standesgemäßen Parteien ein; Frankreich sinnt Revanche; der Partikularismus sammelt alle politisch Unzufriedenen um seine Fahnen, und die Katholiken – was man auch sagen mag – sind aufs tiefste verstimmt. Und von ihrem Standpunkt mit Recht."[12]

Pierre Bange charakterisiert die letzte Wende des „Unzuverlässigen" so: „Die Wirklichkeit dementierte ihn von neuem hart. Aber diesmal, im Unterschied zu 1849, verletzte das Dementi nicht die innersten Hoffnungen, die der junge Mann an die Revolution geknüpft hatte, sondern den Mythos selbst, der sich unter Fontanes Augen in eine verabscheuungswürdige Realität verwandelte."[13]

Die Kritik am Preußenmythos, die erste deutliche Kritik in seinem erzählerischen Werk überhaupt, bestimmt die Erzählung „Schach von Wuthenow". Die Hauptfigur wird gezeichnet als pedantischer Wichtigtuer, der ebenso wie Innstetten in „Effi Briest" dem Idol der „falschen Ehre" huldigt. Sein Untergang ist symptomatisch für den Zusammenbruch der Wert- und Ordnungswelt des Adels. „Von nun an handelt es sich nicht mehr um die Widersprüche eines Schriftstellers, die diesen beherrschen und die er selbst nicht mehr durchschaut. Diese Widersprüche sind von einer bestimmten Zeit an zunehmend solche, die er als Schriftsteller wahrnimmt, um als 'Erzähler' davon zu profitieren."[14] Die Zwiespältigkeit der Äußerungen Fontanes über den Adel erklärt MüllerSeidel aus dem poetischen Reiz, den dieser Stand auf ihn ausübte. „Auch der Verfall eines Standes hat seine Poesie."

In den letzten Lebensjahren kam in Fontanes Briefen immer unverhüllter zum Ausdruck, dass die Ansprüche und Lebensformen des Adels überholt sind. „Ich habe nichts gegen das

---

12) Brief an M. von Rohr vom 25. September 1872
13) P. Bange, a. a. O., S. 47
14) Walter Müller-Seidel. Soziale Romankunst in Deutschland. Theodor Fontane, S. 54

Alte, wenn man es innerhalb seiner Zeit lässt und aus dieser heraus beurteilt; der so genannte altpreußische Beamte, der Perückengelehrte des vorigen Jahrhunderts, Friedrich Wilhelm I., der Kürassieroffizier, der mehrere Stunden Zeit brauchte, ehe er sich durch sein eigenes Körpergewicht in seine nassen ledernen Hosen hineinzwängte, die Oberrechenkammer in Potsdam, der an seine Gottesgnadenschaft glaubende Junker, der Orthodoxe, der mit dem lutherischen Glaubensbekenntnis steht und fällt – alle diese Personen und Institutionen finde ich novellistisch und in einem 'Zeitbilde' wundervoll, räume auch ein, dass sie sämtlich ihr Gutes und Großes bewirkt haben, aber diese toten Seifensieder, immer noch als tonangebende Kraft bewundern zu sollen, während ihre Hinfälligkeit seit nun grade hundert Jahren, und mit jedem Jahreswechsel, bewiesen worden ist, das ist eine furchtbare Zumutung. Von meinem vielgeliebten Adel falle ich mehr und mehr ganz ab, traurige Figuren, beleidigend unangenehme Selbstsüchtler von einer mir ganz unverständlichen Borniertheit, an Schlechtigkeit nur noch von den schweifwedelnden Pfaffen (die immer an der Spitze sind) übertroffen, von diesen Teufelskandidaten, die uns diese Mischung an Unverstand und brutalem Egoismus als 'Ordnungen Gottes' aufreden wollen. Sie müssen alle geschmort werden. Alles antiquiert.[15]

Im letzten Roman Fontanes, dem „Stechlin", kreisen die Gespräche immer wieder um das Verhältnis der alten, aristokratischen Welt zu einer neuen, demokratischen. Am deutlichsten drückt dies Pastor Lorenzen im Gespräch mit der Gräfin Melusine aus: „Wohl möglich, dass aristokratische Tage mal wiederkehren, vorläufig, wohin wir sehen, stehen wir im Zeichen einer demokratischen Weltanschauung. Eine neue Zeit bricht an. Ich glaube, eine bessere und eine glücklichere."

---

15) Brief an G. Friedländer vom 12. April 1894

4. Zum Roman „Effi Briest"

4.1 Entstehung und unmittelbare Wirkung

Im Jahre 1889 bereiste Fontane wiederholt das Westhavelland, um Material für einen Nachtragsband der „Wanderungen durch die Mark Brandenburg" zu sammeln. 1891 brach er die Arbeit ab. „Es ist etwas zu Zeitraubendes, und das sich Einlogieren auf den Edelhöfen hat mit beinah 70 doch sein Missliches und Genierliches", vermerkte er in seinem Taschenbuch.
Ebenfalls im Jahre 1889 erfuhr Fontane von Frau Emma Lessing, Inhaberin der „Vossischen Zeitung", für die er Theaterkritiken schrieb, von Ereignissen, die ihn anregten, einen Roman zu schreiben. Jahrelang befasste er sich mit diesem Plan und nutzte dafür auch die Eindrücke und das Material, die er bei der Vorarbeit für das Buch „Das Ländchen Friesack" gesammelt hatte.
Am 2. März 1895 erzählte Fontane in einem Brief an Hans Hertz, den Sohn seines Verlegers, wie er an diesen Stoff geraten war: „Ja, die arme Effi! Vielleicht ist es mir so gelungen, weil ich das Ganze träumerisch und fast wie mit einem Psychographen geschrieben habe. Sonst kann ich mich immer der Arbeit, ihrer Mühe, Sorgen und Etappen erinnern – in diesem Fall gar nicht. Es ist wie von selbst gekommen, ohne rechte Überlegung und ohne alle Kritik. Meine Gönnerin L. erzählte mir auf meine Frage: 'Was macht denn der?' (ein Offizier, der früher viel bei L.s verkehrte und den ich nachher in Innstetten transponiert habe) die ganze 'Effi Briest'Geschichte, und als die Stelle kam, zweites Kapitel, wo die spielenden Mädchen durchs Weinlaub in den Saal hineinrufen:'Effi komm', stand mir fest:'Das musst du schreiben'. Auch die äußere Erscheinung Effis wurde mir durch einen glücklichen Zufall an die Hand gegeben. Ich saß im Zehnpfundhotel in Thale, auf dem oft beschriebenen großen Balkon, 'Sonnenuntergang' und sah nach der Rosstrappe hinauf, als ein englisches Geschwisterpaar, er zwanzig, sie fünfzehn, auf den Balkon heraustrat und drei Schritte vor mir sich auf die Brüstung lehnte, heiter plaudernd und doch ernst. Das waren ganz ersichtlich Dissenterkinder, Methodisten. Das Mädchen war

genauso gekleidet, wie ich Effi in den allerersten und dann auch wieder in den allerletzten Kapiteln geschildert habe: Hänger, blau und weiß gestreifter Kattun, Ledergürtel und Matrosenkragen. Ich glaube, dass ich für meine Heldin keine bessere Erscheinung und Einkleidung finden konnte, und wenn es nicht anmaßend wäre, das Schicksal als ein einem für jeden Kleinkram zu Diensten stehendes Etwas anzusehen, so möchte ich beinah sagen: das Schicksal schickte mir die kleine Methodistin."

Das reale Vorbild der Romanheldin, Elisabeth Freiin von Plotho, wurde 1853 auf Rittergut Zerben bei Parey an der Elbe geboren. Sie hatte vier Geschwister und in der Familie nannte man sie nur Else. Als sie sieben Jahre alt war, starb der Vater. Sie verlebte eine glückliche Jugend und tollte am liebsten ausgelassen im Gutspark. Der fünf Jahre ältere Armand Leon von Ardenne, Offizier bei den ZietenHusaren, ritt oft mit seinen Kameraden von Rathenow nach Zerben. Als ehemaliger Leipziger Thomas-Schüler gab er kleine Konzerte. Elisabeth zog sich vor Ardenne meistens zurück und versteckte sich im Gutspark. Sie wurde dann mit den Worten „Effi komm, Herr von Ardenne spielt Klavier" gerufen. Später hielt Ardenne um ihre Hand an, wurde aber zunächst abgewiesen. Erst gegen Ende des Krieges von 1870/71 willigte sie, wohl von ihrer Mutter beeinflusst, in die Verlobung ein. Am 1. Januar 1873 fand die Hochzeit in Zerben statt. Inzwischen hatte Elisabeths Mutter in Berlin, in der Nähe des Zoologischen Gartens, für das junge Paar eine Wohnung eingerichtet. Ardenne absolvierte die Kriegsakademie und wurde anschließend zum Truppendienst nach Rathenow zurückversetzt. Die Zeit des Rathenower Garnisonslebens, der Verkehr mit dem Landadel der Umgebung, war die glücklichste Zeit des Ehepaares. Nach der Versetzung Ardennes in den Großen Generalstab zog die Familie wieder nach Berlin. Hier machte sich der junge Offizier als Verfasser kriegswissenschaftlicher Schriften einen Namen. Er ging völlig in seinem Dienst auf und die junge Frau fühlte sich häufig vernachlässigt. 1877 wurde Ardenne zu den Düsseldorfer Husaren versetzt. Hier lernte Elisabeth von Ardenne den Amtsrichter Hartwich kennen. Dieser war in weiten Kreisen als Führer der „Bewegung für Körperpflege" bekannt und betätigte sich als Freizeitmaler.

Der Maler Wilhelm Beckmann schildert in seinem Buch „Im Wandel der Zeiten" Elisabeth von Ardenne in ihrer Düsseldorfer Zeit. „Wir waren oft, ein kleiner Freundeskreis, in dem blumenduftenden Garten eines wundersamen Rokokoschlosses bei Wein und Liedern, Gedichten und Gesängen an weichen, stimmungsvollen Sommertagen bis tief in die sternenhelle Nacht hinein um eine aristokratische Frau vereint ... Wir saßen um die schöne blasse Frau mit den wundersamen Rätselaugen und der silberhellen Stimme im wassergleitenden Kahn und küssten der Zauberin die schlanke Hand, wenn sie uns die funkelnden Pokale mit würzigem Wein füllte. Wir ritten übers Land, wir fuhren in die Dörfer, wir gingen im Frühling unter einem Wald von blühenden Obstbäumen, über duftende Wiesen, ruhten unter Weiden und Pappeln am nie rastenden Strom, ruderten, schossen, malten oder dichteten, und vergaßen dabei die Zeit. Das Schloss hieß Benrath."[16]

Von Ardenne wurde 1884 in das preußische Kriegsministerium nach Berlin versetzt. Seine Frau blieb weiter in Verbindung mit Hartwich. 1886 entdeckte Ardenne komprommitierende Briefe und forderte Hartwich zum Duell. Den Prozessakten entstammt folgender Vermerk: „Am 27. November cr. fand zwischen dem Ehemann von Ardenne und Hartwich ein Zweikampf statt, bei dessen Beendigung der schwer verwundete Hartwich seinen Gegner wegen der ihm angethanen schweren Kränkung noch um Verzeihung bat. Hartwich ist am 1. Dezember cr. mit Tode abgegangen." In einem Bericht des „Berliner Tageblatt" wird der Verlauf des Duells geschildert: „Die Forderung lautete auf Pistolen unter sehr schweren Bedingungen. Amtsrichter H. erhielt einen Schuss in den Unterleib und wurde, da die Verletzung sich als eine ungemein lebensgefährliche erwies, noch an demselben Tage nach den Königlichen Kliniken in die Ziegelstraße gebracht. Über die Entstehung seiner Verwundung verweigerte er dort jede Auskunft und ist trotz sorgfältiger Behandlung am Mittwoch, dem vierten Tage nach dem Duell, an den Folgen der erhaltenen Schussverletzungen gestorben."

---

[16] Die Quellen der Zitate in diesem Teilkapitel sind nicht vollzählig im Literaturverzeichnis aufgeführt. Wir geben sie deshalb an dieser Stelle an: W. Beckmann. Im Wandel der Zeiten. Berlin 1930 (S. 87) H. W. Seiffert. Studien zur neueren deutschen Literatur. Berlin 1964 (S. 255-300) Manfred von Ardenne. Ein glückliches Leben für Technik und Forschung. Berlin 1976 (S. 11)

Die Ardennes wurden 1887 geschieden und beide Kinder dem Vater zugesprochen. Ardenne erhielt zwei Jahre Festungshaft. Kaiser Wilhelm I. begnadigte ihn jedoch nach wenigen Wochen mit der Bemerkung: „Ich will dem verdienten Offizier eine eklatante Genugtuung vor der gesamten Armee geben."
Später war er Lehrer an der Kriegsakademie, wurde Kommandeur der Zieten-Husaren und Divisionskommandeur in Magdeburg. Wie aus der Autobiographie seines Enkelsohnes, des Dresdner Physikers Manfred von Ardenne hervorgeht, verfasste er ein Gutachten, das sich für ein in der Rheinischen Metallwarenfabrik entwickeltes Rohrrücklaufgeschütz und gegen die traditionelle Krupp-Kanone aussprach; 1904 wurde er von Kaiser Wilhelm II. vorzeitig pensioniert. Frau von Ardenne arbeitete nach der Scheidung als Pflegerin in einer Heilanstalt. Im Alter von fünfzig Jahren erstieg sie den dicht bei Liechtenstein gelegenen 2970m hohen Scesaplana als erste Frau. Sie starb neunundneunzigjährig 1952 in Lindau am Bodensee. Die Briefe übergab sie 1943 Manfred von Ardenne.
Im Jahre 1890 schrieb Fontane die erste Fassung des Romans, die zunächst bis 1892 liegen blieb. Aus Rücksicht auf die noch lebenden Hauptpersonen verschlüsselte er einige Figuren und transponierte die Schauplätze.
Im Frühjahr 1892 erkrankte Fontane schwer an einer Gehirnanämie, so dass sein weiteres schriftstellerisches Schaffen in Frage gestellt war. Er litt unter schweren Depressionen und man befürchtete den Ausbruch einer geistigen Umnachtung. Sein Arzt, Sanitätsrat Pancritius, riet ihm, es „zunächst mit etwas anderem zu versuchen". Er schrieb den autobiographischen Erinnerungsroman „Meine Kinderjahre" und schrieb sich daran gesund. Mit neu gewonnenen Kräften nahm er danach die Arbeit an der „Effi Briest" wieder auf. Am 9. November 1893 kündigte er Julius Rodenberg das Manuskript für Mitte Februar 1894 an. Dieses ging im März bei Rodenberg ein, der jedoch noch einige Änderungswünsche vorbrachte, so dass Fontane im April und Mai 1894 wieder mit dem Roman befasst war. Von Oktober 1894 bis März 1895 erschien der Vorabdruck in Rodenbergs „Deutscher Rundschau". Die Buchausgabe folgte im Oktober 1895 im Verlag von Fontanes Sohn, F. Fontane & Co. Innerhalb eines Jahres folgten vier Auflagen. Es war der erste wirkliche Erfolg Fontanes als Romanautor.

Aus dem erhalten gebliebenen Briefwechsel Fontanes geht hervor, wie der Dichter den Versand von Rezensionsexemplaren fast generalstabmäßig plante und wohlwollende Besprechungen in einflussreichen Blättern lancierte. So ist es nicht überraschend, dass bald nach Erscheinen von „Effi Briest" in etlichen Blättern Kritiken über den Roman erschienen. 1895 äußerte sich Felix Poppenberg in der Wochenzeitung „Die Nation": „'Effi Briest' ist ein Ehebruch. Jene Adultera des Tintoretto, die holde unbewusste Sünderin, die Fontane so oft schon in der Tracht der Frauen unserer Tage vor uns erscheinen ließ, geht wieder durch diese Blätter und wieder steht sichtbar zu ihren Häuptern geschrieben: `Wer sich rein von Schuld fühlt, werfe den ersten Stein auf sie'.

'Effi Briest' ist ein Ehebruch

Es ist nicht der normale Ehebruch, der Ehebruch, der durch die Weltliteratur geht, dessen Motiv die Verse vom 'armen alten König und seiner jungen Frau' geben. Effi wird dem an Jahren um soviel reiferen Mann nicht untreu, um sich einem jungen Gesellen mit blondem Haupt und leichtem Sinn an den starken Arm zu hängen. Es ist eine große künstlerische Feinheit, dass der Dritte hier sogar noch einige Jahre älter ist als der Gatte ...
Völlig gleichgültig gegen das Stoffliche ist dies alles dargestellt. Etwas Diskreteres als die Geschichte des Ehebruches kann man sich nicht vorstellen; ging Fontane schon in l'Adultera und im Graf Petöfi über das eigentliche Faktum völlig hinweg, so unterdrückt er hier die Scene mit der Überschrift 'in flagranti' ganz und gar. Es genügt ihm, psychologisch zu zeigen, Effi ist so weit, dass ihr Fall naturnotwendig ist; der Vorgang selbst interessiert ihn nicht. Dem feinfühligen Leser bringt er dann das fait accompli auf rein psychologische Weise bei.
Und wer hat Recht? Und wer hat Schuld?
Theodor Fontane schüttelt milde lächelnd den Kopf: Was ist Recht und was ist Schuld? Die Menschen können nicht aus ihrer Haut heraus, niemand kann sich anders machen als er ist, und wenn zwei aneinander kommen, die nicht stimmen, dann gibt es Gram und Leid. Aber den einen von ihnen verantwortlich machen, ist ungerecht. Wie kann man überhaupt Urteile fällen und richten, wer sieht in die Herzen? So nimmt er für niemand Partei, und wir verstehen Innstettens Tun aus seinen Wesen und Effis aus dem ihren, und wir verzeihen beiden."

Ebenfalls im Erscheinungsjahr schrieb Viktor Widmann im „Berner Bund": „Das 'tout comprendre tout perdonner' ist also vielleicht noch in keinem Roman so überzeugend dargestellt wie in dieser Geschichte der armen fröhlichen Effi Briest. Dieses Überzeugende hat der Dichter dadurch erreicht, dass er uns Gelegenheit gibt, Temperament, Launen, Charakter, äußere und innere Lebenserfahrungen des Mädchens vom Tage der frühen Verlobung an und durch die ganze junge Ehe gleichsam stündlich zu beobachten. Ich wüsste keinen Roman, der dem Leser ein solch behagliches Allgegenwartsgefühl gewährt, wie 'Effi Briest'. Man denkt vielleicht bei den ersten Seiten: Ei! wie breit, wie umständlich! Aber sehr bald begreift man, dass diese scheinbaren Nebensachen nicht fehlen dürfen, wenn wir für die Haupthandlung volles Verständnis erlangen sollen ..."

Fontane pflegte sich für wohlwollende Kritiken prompt zu bedanken, und so schrieb er am 19. November 1895 an Widmann: „Herzlichen Dank für Ihre Besprechung. Sie werden aus eigener Erfahrung wissen, dass einem die Kritiker die liebsten sind, die das betonen, worauf es einem beim Schreiben angekommen ist ... Sie sind der erste, der auf das Spukhaus und den Chinesen hinweist; ich begreife nicht, wie man daran vorbeisehen kann, denn erstlich ist dieser Spuk, so bilde ich mir wenigstens ein, an und für sich interessant, und zweitens, wie Sie hervorgehoben haben, steht die Sache nicht zum Spaß da, sondern ist ein Drehpunkt für die ganze Geschichte. Was mich ganz besonders gefreut hat, ist, dass sie dem armen Innstetten so schön gerecht werden.... Für den Schriftsteller in mir kann es gleichgültig sein, ob Innstetten, der nicht notwendig zu gefallen braucht, als famoser Kerl oder als 'Ekel' empfunden wird, als Mensch aber macht mich die Sache stutzig."

Otto Pniower schrieb 1896 in der „Deutschen Literaturzeitung": „Dies der Inhalt des Romans, dessen Hauptelement nicht Geschehnisse, überhaupt nicht das Stoffliche bildet. Das Ziel des Dichters ist vielmehr überwiegend psychologischer Natur. Auf die feinen Reize des Seelengemäldes hat er es abgesehen. Mit den Mitteln der Kunst will er erklären, wie die arme Effi, die zum Fehltritt nicht gerade disponiert ist, den Verführer nicht eigentlich liebt und von seiner Inferiorität gegenüber dem betrogenen Gatten überzeugt ist, dennoch schuldig werden musste, und sein künstlerischer Zweck ist, in dem Leser Mitgefühl mit der Unglücklichen zu erwecken."

Zwei der bedeutendsten deutschen Schriftsteller unseres Jahrhunderts, die Brüder Mann, schätzten das Romanwerk des alten Fontane sehr hoch ein. Aus Anlass des 100. Geburtstages von Theodor Fontane schrieb Thomas Mann am 25. Dezember 1919 im „Berliner Tagblatt": „Eine Romanbibliothek der rigorosesten Auswahl, und beschränkte man sie auf ein Dutzend Bücher, auf zehn, auf sechs, sie dürfte 'Effi Briest' nicht vermissen lassen."

Zu Fontanes 50. Todestag äußerte sich Heinrich Mann: „Der moderne Roman wurde für Deutschland erfunden, verwirklicht, auch gleich vollendet von ... Theodor Fontane. Als erster hat er wahrgemacht, dass ein Roman das gültige, bleibende Dokument einer Gesellschaft, eines Zeitalters sein kann; dass er soziale Kenntnis gestalten und vermitteln, Leben und Gegenwart bewahren noch in einer sehr veränderten Zukunft, wo, sagen wir, das Berlin von einst nicht mehr besteht."

4.2 Der Inhalt des Romans[17)]
mit Interpretationen und Anmerkungen

1. Kapitel
Das Herrenhaus zu Hohen Cremmen[18)] und die Familie von Briest. Die siebzehnjährige Tochter Effi und ihre Freundinnen. Besuch des Landrats von Innstetten.[19)]

Namen von Orten und Adelsgeschlechtern, die in der brandenburgisch-preußischen Geschichte eine Rolle spielen, übten auf Fontane einen faszinierenden Reiz aus. Den fiktiven Romanschauplatz HohenCremmen projizierte er in das „Friesacker Ländchen", das er zum Zwecke der Materialsammlung für einen Wanderungsband bereist hatte. Ursprünglich dachte er an ein Pannwitz bei Nauen, das dann in den Ort Hohennauen im Westhavelland verlegt wurde. Bei der endlichen Wahl des Namens „HohenCremmen" mag die Erinnerung an ein historisches Ereignis eine Rolle gespielt haben, das Fontane wiederholt beschäftigt hatte, die Schlacht am Kremmer Damm im Jahre 1412.
Die Briests waren ein altes märkisches Adelsgeschlecht, und es existieren in der Mark Brandenburg mehrere Ortschaften dieses Namens.
Historische Namen von Orten und Adelsgeschlechtern nutzte Fontane mit Vorliebe, um seinen Romanstoffen den „speziellen Flavour" zu geben.
Bei der Schilderung der Örtlichkeiten ging Fontane stets mit größter Sorgfalt zu Werke. Er hinterließ rund vierzig Taschenbücher, die zahlreiche eigenhändige Zeichenskizzen enthalten: Grundrisse, Tore, Brunnen, Gitter, Grabdenkmäler usw. Aus frischen Eindrücken fertigte er Situationspläne und Handlungsskizzen. So enthält das Manuskript „Vor dem Sturm" Lagepläne und Grundrisse des Gutshofes der Vitzewitze, von Seidentopfs Pfarre und von Hoppenmariekens Hütte. Derartige Skizzen vom Herrenhaus zu HohenCremmen sind nicht bekannt geworden,

---
17) Zugrundeliegende Ausgabe: DLV-Taschenbuch Nr. 17; vgl. Literatur
18) Bei der Wahl des Namens mag Fontane die Erinnerung an die historische Schlacht am KREMMER BERG 1412 eine Rolle gespielt haben. – Vgl. dazu W. E. Rost, S. 136.
19) Die Schreibweise des Namens Instetten (oder: Innstetten) ist unterschiedlich in der Literatur. Wir halten uns an die Schreibweise der zugrunde liegenden Textausgabe (Innstetten).

jedoch vermittelt der Vergleich des Grundrisses mit einem Hufeisen den Eindruck einer planvoll entworfenen Örtlichkeit, aus der der Dichter eine plastische Kulisse schuf, die er mit zahlreichen poesievollen Details anreicherte. „Die Schilderung des Briestschen Besitztums wirkt bis in die Details gegenständlich, aber durch die topographische Art der Zusammenschau einzelner Örtlichkeiten wird sie als bildmäßige Einheit beim ersten Lesen nur schwer vorstellbar. Zur Übertragung dieser Lokalschilderung sah sich der französische Übersetzer auf harte Proben gestellt ..." (1)

In den ersten Zeilen beschreibt Fontane ein Rondell, das im Schlusskapitel als Effis Begräbnisstätte wieder auftaucht. Auch an diesem nebensächlich erscheinenden Detail wird deutlich, wie er Wirklichkeitsschilderung auf genaue Beobachtung der Wirklichkeit gründete. In dem Aufsatz „Die Schauspieler zwischen 1870 und 1890" schreibt er „Als ich noch jünger war, pflegte ich auf Sommerzeit einen auf dem Lande lebenden Jugendfreund (Hermann Scherz, d. A.) zu besuchen. Ich liebte da alles, besonders auch ein großes Rondell, das sich, von ein paar Platanen umstellt, dicht vor dem Gartensalon befand ... Einmal, als ich kam, war der Päonienbusch fort, und eine schlanke Canna indica war an die Stelle getreten. Es sah alles sehr hübsch und fein aus."

Das Einleitungskapitel vermittelt ein idyllisches Bild vom Familienleben des märkischen Landadels. Der Herr des Hauses leitet die Gutswirtschaft, während die Damen, ohne eigentlichen Beruf und ohne fordernde Aufgaben, sich die Zeit mit dem Sticken einer Altardecke vertreiben. Angesichts des Kirchenpatronats der Gutsherrschaft eine Tätigkeit, die als Erfüllung einer Standespflicht angesehen werden mag. Während die Hausfrau die Dienerschaft zu leiten hat, lebt die siebzehnjährige Tochter sorglos in den Tag hinein. Ihr Beruf ist es, auf den Märchenprinzen zu warten, der sie heiratet, für sie sorgt und sie glücklich macht.

Worauf es in märkischen Adelsfamilien bei der Wahl des Ehepartners vor allem ankommt, hat die Mutter ihrer Tochter vorgelebt. Nicht Liebe und Herzensneigung entscheiden, sondern dass der Auserwählte als „Mann von Stand" etwas darstellt, vermögend ist oder ein gesichertes Einkommen vorweisen kann, das eine „standesgemäße" Lebensführung ermöglicht.

Das Kapitel endet mit einer Bemerkung Effis, die ahnungslos ausgesprochen, ihr eigenes Schicksal vorausdeutend ankündigt: „wobei mir übrigens einfällt, so vom Boot aus sollen früher auch arme unglückliche Frauen versenkt worden sein, natürlich wegen Untreue."

2. Kapitel
Baron von Innstetten hält bei den Briests um Effis Hand an.

Frau von Briest ruft die vom Haschen und Tollen erhitzte Effi ins Haus, um sie, nach dürftiger Aufklärung über ihre Zukunft, dem Baron und zukünftigen Gemahl zu präsentieren. Die Mutter schwankt einen Augenblick; ist es „passender", die Tochter vorher damenhaft aufzuputzen, oder „wie ein Bild frischesten Lebens" dem „ältlichen Landrat" vorzuführen. Berechnend entscheidet sie sich für die zweite Möglichkeit.

Bemerkenswert für Verhältnisse und Charaktere sind das überfallartige Vorgehen der Mutter, der Appell an den Ehrgeiz der Tochter („Du wirst deine Mama weit überholen"), Effis Verblüffung (alles was sie zu sagen weiß, ist: „Um meine Hand angehalten? Und im Ernst") und ihre widerstandslose Ergebung in den autoritären Willen der Eltern. „Nicht nur die unehrenhafte, auch die ehrenhafte Frau diente als 'Spielzeug' des Mannes. Von Kind an wurde sie für dieses häusliche Puppendasein erzogen, denn die Ehe war die natürliche Bestimmung des Mädchens. Käthe von Sellethin und Melanie de Caparoux stammten beide aus 'reichen und vornehmen' Häusern. Da es fest stand, 'dass eine junge, schöne Dame lediglich dazu da sei, zu gefallen und zu diesem Zweck sei wenig wissen besser als viel' (2) wurde ihnen nur ein 'Minimalmaß' an Bildung zuteil, sie lernten im Pensionat oder zu Hause Französisch und Klavierspielen, gute Manieren und gesellschaftliches Auftreten, die 'Kunst des gefälligen Nichtssagens', ein Haus zu machen und Handarbeiten. An hauswirtschaftlichen Dingen bedurfte es nur oberflächlicher Kenntnisse, denn jede gutsituierte Familie verfügte über eine oder mehrere Hausangestellte. Verwöhnt und spielerisch wuchs die Tochter im Schutze des elterlichen Hauses auf.

In die Gesellschaft eingeführt, wurde die junge Dame 'umcourt', bis die Eltern unter den Bewerbern um die Gunst der Schönen den Schwiegersohn suchten und fanden. Sie setzten dann der Tochter auseinander, dass 'glückliche Ehen auf Achtung und gegenseitigen Verhältnissen beruhen, nicht auf gegenseitiger Liebe'." (3)[20)]

3. Kapitel

Baron von Innstetten und Effi von Briest verloben sich. Frau von Briest reist mit Effi nach Berlin, um die Aussteuer zu besorgen.

Auf die bangen Fragen der Freundinnen, ob der Bräutigam denn der richtige sei, antwortet Effi: „... Jeder ist der Richtige. Natürlich muss er von Adel sein und eine Stellung haben und gut aussehen." Ihr natürliches Gefühl lässt die jungen Mädchen zweifeln, dass Effi glücklich werden könnte. Sie waren es auch, über deren Ruf „Effi, komm" Innstetten noch lange grübelte. Ihm war es beständig, „als wäre der kleine Hergang doch mehr als ein bloßer Zufall gewesen."[21)]

Die Reise nach Berlin wird von Effi vor allem der Zerstreuung wegen mit Freude und Begeisterung begrüßt. 1890 schrieb Fontane an Friedländer, er freue sich, daß in Berlin „immer etwas los ist" und fand „In den 25 Jahren (seit 1872) ist nun Berlin Weltstadt geworden. Wenigstens wird ihm das beständig versichert". Fontane hatte große Bedenken, Berlin und das Berlinertum einseitig zu loben. Am 10. November 1899 schrieb er an Wilhelm Hertz: „Wenn man die Stimmung in unserer Oberschicht belauscht, wenn man in unsere Zeitungen hineinguckt, die den Leuten nach dem Munde reden, so sollte man glauben, Berlin spaziere an der Täte der Civilisation. Es ist aber sehr weit ab davon ..."

---

20) Fontane selbst lehnte die Bourgeoisie ab, wie er sie in ihren negativen Erscheinungsweisen vielfach erlebte. Dafür nennt er in einem Brief an seine Frau Gründe: -.. *Zweck der Geschichte* („Frau Jenny Treibel" – d. Verf.): *das Hohle, Phrasenhafte, Lügnerische, Hochmütige, Hartherzige des Bourgeoi-sie-Standpunktes zu zeigen, der von Schiller spricht und Gerson meint.* „- Th. Fontane, Briefe (9. Mai 1888).

21) Effis Bildungsmängel gehen eindeutig einher mit fehlendem Selbstbewusstsein. Sympathisch berührt die Offenheit, mit der Effi ihre Defizite eingesteht: „.... *Ich habe noch so wenig derart kennen gelernt, immer nur auf kurzen Besuchen in Berlin.... und dann war ich noch ein halbes Kind.* „ *(S. 96)* – Zwischen ihr und der gesellschaftserfahrenen Tripelli klaffen Welten.

Der ewig ausgelassene Vetter Dagobert lässt Effi fast vergessen, dass sie bereits eine angehende Landratsgattin ist. Der Typ dieser „halben Helden" mit den „falschen Werten" rief wiederholt Fontanes Unmut hervor. „Zahllose langbeinige Leutnants, mit ihrem mephistohaften langen Krötenspieß an der Seite, die ganzen Kerle überhaupt wie hagre karikierte Spanier aussehend, laufen in der Potsdamer Straße auf und ab und zwingen mich wieder zu einem beständigen Kopfschütteln. Und das findet man fein und schön! Ich habe kein Organ für all diese Wesen ..." (4) Seiner Tochter Mete schrieb er am 8.6.1880, ein Leutnant dürfe eben nur ein Leutnant sein und müsse darauf verzichten, selbst wenn er bei den Zietenhusaren stünde, ein Halbgott oder überhaupt irgendetwas Exzeptionelles sein zu wollen, wir stecken immer noch im 'Wichtignehmen' drin, wo längst nicht mehr wichtig zu nehmen ist." Dieses unangebrachte „Wichtignehmen" beherrscht auch Effi. Die Prinzessin Friedrich Karl auch nur flüchtig gesehen zu haben, bedeutet ihr mehr als eine Truhe voll Weißzeug.

4. Kapitel
  Die Hochzeitsvorbereitungen. Der Kantor probt mit Dorfjugend Theaterstück. Gespräch Effis mit Frau von Briest über ihre Ansichten von Liebe und Ehe. Sie gesteht, sich vor Innstetten zu fürchten.

Zwischen Effis Wünschen und den Hoffnungen und dem Leben, das sie an der Seite Innstettens zu erwarten hat, liegen Welten. „Ich bin ... nun, ich bin für gleich und gleich und natürlich auch für Zärtlichkeit und Liebe. Und wenn es Zärtlichkeit und Liebe nicht sein können, weil Liebe, wie Papa sagt, doch nur ein Papperlapapp ist (was ich aber nicht glaube), nun, dann bin ich für Reichtum und ein vornehmes Haus, ein ganz vornehmes, wo Prinz Friedrich Karl zur Jagd kommt, auf Elchwild oder Auerhahn, oder wo der alte Kaiser vorfährt und für jede Dame, auch für die Jungen, ein gnädiges Wort hat. Und wenn wir dann in Berlin sind, dann bin ich für Hofball und Galaoper, immer dicht neben der großen Mittelloge ... Liebe kommt zuerst, aber gleich hinterher kommt Glanz und Ehre, und dann kommt Zerstreuung – ja Zerstreuung, immer was Neues, immer was, dass ich lachen oder weinen muss. Was ich nicht aushalten kann, ist Langeweile."

Dabei ist Effi im Grunde ohne Illusionen. Sie hat längst Innstettens Bürokratennatur durchschaut; seine Briefe könnte sie „auf dem Schulzenamt anschlagen lassen, da wo immer die landrätlichen Verordnungen stehen". Innstettens glänzendste Eigenschaften scheinen in ihren Augen zu sein, dass er „gesund und frisch und so soldatisch und schneidig" sei. Was Fontane von militärischem Schneid hielt, offenbart eine Rezension einer Aufführung von „Wallensteins Tod": „Herr Höcker ... gab den Wrangel ... mehr auf den Edelmann und den Diplomaten als auf den Soldaten hin. Und einige werden deshalb „Schneid" in seinem Wrangel vermisst haben.

Aber mit der jetzt so viel gerühmten 'Schneidigkeit' ist es doch ein eigen Ding, und man wird dieser vielgerühmten Soldatentugend schwerlich Unrecht tun, wenn man sie, wenn nicht noch anderes hinzukommt, zu den subalternen Eigenschaften rechnet. Geht man die Kriegsgeschichte durch, so findet man, dass ein starker Bruchteil aller Kriegshelden, an der jetzt modischen Schneidigkeit gemessen, wie alte Susen wirken. Richtige Kriegsleute der höheren Gattung sind immer mehr schmeidig als schneidig gewesen ..." (5) – Innstetten, der nichtschneidige undiplomatische Prinzipienreiter, kann es zu hohen Stellungen im Staatsdienst bringen, ihm wird jedoch stets etwas Subalternes anhaften; eine Glanzrolle, die Effi vorschwebt, wird er nicht spielen.

5. Kapitel

Hochzeitsreise des jungen Paares nach Italien. Gespräch der Eltern über die Tochter: „Ihr Ehrgeiz wird befriedigt werden, aber ob auch ihr Hang nach Spiel und Abenteuer? Ich bezweifle...".

Es ist bemerkenswert, wie Fontane wichtige Ereignisse in Effis Leben, ihre Hochzeit und Scheidung, im Roman ausspart; sie werden nur im Nachhinein und fast nebenbei erwähnt.
Effi wuchs, ganz im Stil althergebrachter aristokratischer Lebensformen, als behütete Tochter in der Idylle des ländlichen Adelssitzes ihrer Eltern auf. Ganz im Zustand naiver Unschuld, hatte sie keine reale Vorstellung von den Tatsachen und Verhältnissen außerhalb ihrer engen, kleinen Welt. An dem ihr Lebensschicksal entscheidenden Entschluss, den ihr fast unbekannten Innstetten zu heiraten, war sie so gut wie unbeteiligt. In der

patriarchalischen Gesellschaft galt die Frau als verfügbarer Besitz des Vaters und später des Ehemannes. Wie eine Ware wurde Effi von ihren Eltern an den Ehemann veräußert, um später als ungeeignet zum weiteren Gebrauch zurückgegeben zu werden. Ein solches Verfahren bezeichnete August Babel, der exzellente Kenner der Lage der Frauen im wilhelminischen Deutschland, als Kuppelei. (6)

Dass Fontane die Hochzeit als Nebensächlichkeit behandelt, hat mit der Tatsache zu tun, dass alles, was bei diesem Zeremoniell geschieht, den minderwertigen Rang der Braut gegenüber dem Mann ausdrückt, auch wenn sie sich an diesem Tage als im Mittelpunkt stehend und einer Prinzessin ebenbürtig fühlen darf.

Einer der alten Berliner Herren sprach auf dem Rückweg von der Kirche davon, wie reich gesät „in einem Staate wie der unsrige" die Talente seien, und er sehe darin einen Triumph „unserer Schulen und vielleicht noch mehr unserer Philosophie".

Bereits in „Kriegsgefangen" rügte Fontane: „Wir glauben eine Art Schulmonopol zu besitzen ... Ich meinerseits habe indessen immer nur gefunden, dass die Bewohner anderer Kulturländer, besonders der westlichen, nicht schlechter lesen, wohl aber erheblich besser schreiben können, als die Menschen bei uns".

Pastor Niemeyer ist einer der Landpastoren vom alten Schlage, die Fontane mit liebevoller Sympathie schilderte und denen er im Nachwort der „Wanderungen" ein Denkmal setzte. 1886 schrieb er an seine Frau: „trotz ihrer enormen Fehler bleiben märkische Junker und Landpastoren meine Ideale, meine stille Liebe". Niemeyers unorthodoxen Auffassungen resultieren aus gesundem Menschenverstand und nicht aus philosophisch-theologischer Gelehrsamkeit, deren Fadheit und Flachheit Fontane oft geißelte. Am 22. 3. 1896 schrieb er an Friedländer: „... wir sind deshalb das langweiligste Volk, weil wir das Examensvolk sind."

Eine Zielscheibe von Fontanes Kritik waren die Bildungsreisen der Kunstenthusiasten, die stunden- und kilometerlangen Museumsbesuche, deren Ertrag in der Zahl der besichtigten Bilder und Skulpturen, und nicht in echtem Gewinn an Kunstverständnis, zu messen war. Effi muss auf ihrer italienischen Hochzeitsreise jeden Vormittag eine Galerie oder eine andere Sehenswür-

digkeit besichtigen. Das lange Stehen vor den Bildern strengt sie sehr an, die Füße schmerzen, „und dabei stehen ihr noch fünf Tage Venedig bevor." Der alte Briest verwünscht die Reiserei, aber er kann es nicht hindern, dass unser Herr Schwiegersohn eine Hochzeitsreise machen und bei der Gelegenheit jede Galerie neu katalogisieren will."
Frau Briest hat erkannt, dass Innstetten nicht in der Lage ist, seine Frau zu amüsieren und befürchtet, Effi werde beleidigt und rabiat reagieren je mehr wir verassessort und verreserveleutnantet werden, je toller wird es. Der letzte Rest von natürlichem Gefühl, was immer gleichbedeutend ist mit poetischem Gefühl, geht verloren. Als es noch keine Bildung gab, war alles interessant; die rasch wachsende Verlederung der Menschen datiert von den Examinas ...", schrieb Fontane am 22. März 1896 an Georg Friedländer. Er gab damit eine Einschätzung wieder, die für die Charakterisierung Innstettens und für die Beurteilung des Bildungsphilistertums seiner Zeit von Interesse ist.

6. Kapitel

Ankunft der Innstettens in Kessin. Effi lernt ihr neues Heim kennen.

Am 12. Juni 1895 schrieb Fontane in einem Brief: „Es ist nämlich eine wahre Geschichte, die sich hier zugetragen hat, nur in Ort und Namen alles transponiert. Das Duell fand in Bonn statt, nicht in dem rätselvollen Kessin, dem ich die Szenerie von Swinemünde gegeben habe." (7)
Der in Fontanes autobiographischem Roman „Meine Kinderjahre" deutlich spürbare Kontrast zwischen dem langweilig-nüchternen NeuRuppin und dem lebenslustigen, weltoffenen Swinemünde wurde von Fontane immer wieder betont. So schrieb er am 6. Juni 1885 an seinen Sohn Friedrich: „Du wirst noch weiterhin die Wahrnehmung machen, dass alles, was an dem Küstenstriche von Nord- und Ostsee liegt, viel schöner, reicher, feiner ist als das Binnenland, ganz besonders als die Mark Brandenburg, die nun mal – so lieb ich sie habe – den alten Popelinski-Charakter noch immer nicht loswerden kann. An der Küste hin schmeckt alles nach England, Skandinavien und Handel, in Brandenburg und Lausitz schmeckt alles nach Kiefer und Kaserne."

Ursprünglich hatte Fontane den Schauplatz der Ehetragödie in die Provinz Posen verlegen wollen; das dafür vorgesehene Krotoschin kehrt in dem Ortsnamen Kroschentin aus Kessins Umgebung wieder. Damit hätte Fontane jedoch nicht die atmosphärische Dichte der Darstellung erreichen können, die ihm durch die bei der Arbeit an den „Kinderjahren" wiederbelebten Erinnerungen möglich wurde.
Es fällt beim Vergleich des Swinemünde der „Kinderjahre" und dem Kessin der „Effi Briest" auf, dass die in der Swinemünder Ressource versammelte Honoratiorenschaft eine Ansammlung interessanter Persönlichkeiten und farbenprächtiger Originale war, während die Kessiner „gute Gesellschaft" aus „lauter manierlichen Leuten" besteht, die, abgesehen vom Apotheker Gieshübler, nur nebenhin erwähnt werden. Im folgenden Kapitel antwortet Innstetten auf Effis Frage, ob es denn Leute von Familie in der Stadt gebe: „Nein, meine liebe Effi; nach dieser Seite gehst du großen Enttäuschungen entgegen. In der Nähe haben wir ein paar Adlige, aber hier ist gar nichts". Und auf Effis weiteres Bohren hin meint er: „Ja, Honoratioren, die gibt es. Aber bei Licht besehen, ist nicht viel damit ... gute Menschen und schlechte Musikanten".
Fontanes Bemerkung in seinem Brief vom 12. Juni 1895, dass er dem rätselhaften Kessin die Szenerie von Swinemünde gegeben habe, ist wörtlich zu verstehen. Eine „ebenfalls nach allgemein seestädtischem Vorbild, eine geistig höher potenzierte Gesellschaft" (8) sucht man in Kessin jedenfalls vergeblich.

7. Kapitel

Bereits in der ersten Nacht ängstigen Effi Geräusche, die aus dem oberen Stockwerk in ihren Schlafraum dringen und sie um den Schlaf bringen. Innstetten klärt seine Frau über die Kessiner Gesellschaft und den Adel der Umgebung auf.

Der Eindruck des Gespenstischen, der sich Effi beim Eintreten in ihr neues Heim aufdrängte, wird in der ersten Nacht durch die Geräusche verstärkt, die aus den Räumen des oberen Stockwerkes in ihren Schlafraum dringen. Überhaupt führen die vielen neuen und fremdartigen Eindrücke zu allerhand seltsamen Gedanken, und Innstetten erinnert sie plötzlich an einen orientalischen Fürsten.

Innstetten unternimmt kaum etwas, um Effi von ihrer Beunruhigung zu befreien. Im Gegenteil, die Erwähnung, dass es außer Holzwürmern auch Iltisse gibt, die im Hause ihr Unwesen treiben, kann nur neue Ängste erzeugen. Sehr früh werden die Grundlagen für den „Angstapparat" geschaffen, mit dem Innstetten das ihm seelisch fremde Mädchen an sich zu ketten sucht. Dieses sadistische Kalkül, mit dem er eine subtile Spielart psychischen Terrors auszuüben sucht, passt zum Bild des orientalischen Potentaten, der in der Frau nur ein seiner Willkür unterworfenes, rechtloses Objekt sieht.

8. Kapitel

Innstetten führt Effi durch das landrätliche Haus. Das Obergeschoß besteht nur aus leeren, unbewohnten Räumen. Es gibt lediglich drei durchgesessene Binsenstühle, einer davon mit einem aufgeklebten Bildchen eines Chinesen.
Der Apotheker, Dr. Alonso Gieshübler, macht seine Aufwartung.

Auch von Innstettens Haus gibt Fontane eine exakte Beschreibung. Die Grundrissanordnung hat ähnlich dem Herrensitz zu HohenCremmen eine Hufeisenform, doch fehlen die poesievollen Details, die anheimelnde Atmosphäre. Wo in HohenCremmen sich der Park ausdehnt, gibt es hier nur einen dürftigen Wirtschaftsgarten. Die Wirtschafts und Gesinderäume besichtigt Effi nur flüchtig und es ist im Roman nicht davon die Rede, dass sie diese Region ihres Hauses nochmals aufgesucht hätte.
Dem Chinesenbild an dem Binsenstuhl misst Effi zunächst keine besondere Bedeutung zu. Sie ist bereit, sie als Spielerei anzusehen und es überrascht sie, dass Innstetten alles so ernsthaft nimmt.
In Gieshübler lernen wir den einzigen Vertreter des Kessiner Bürgertums kennen; ihr Repräsentant war er gewiss nicht. Dies signalisiert bereits das Anormale seiner äußeren Erscheinung. Er zeichnet sich durch Bildung und geistige Kultur aus, die sich von der geheuchelten Vorliebe des bourgeoisen Spießers „für das Höhere" deutlich unterscheidet. „Der Adel und namentlich der Kleinadel hat keine Ahnung davon, dass seit etwa 100 Jahren etwas in der Welt herangereift ist, was man den Gentleman nennt und was inzwischen allen die diesen Namen führen eine

Gleichheit schafft, die auf gleichartiger Bildung (Wissen), Gesinnung und gesellschaftlicher Form beruht und demselben Anstands und Ehrengesetz gehorcht." (9)

Katharina Mommsen resümiert: „So vereinigt der bürgerliche Gieshübler wirklich die Eigenschaften, die beim Adel nur noch teilhaft oder gar nicht mehr zu finden sind. Durch die spanischen Vornamen und den fremdländisch klingenden Namen an den Apotheker Fontane selbst erinnernd, lässt die Gieshübler-Gestalt ahnen, wie der Dichter selbst sich in der von ihm so viel frequentierten Adelswelt fühlt; als den eigentlichen Adeligen. Nicht von ungefähr wird in 'Effi Briest' auch vom 'Apothekeradel' gesprochen, den Gieshübler beanspruchen dürfe, wenn es ihn gäbe." (10)

Gieshübler, in seinem Äußeren spießbürgerlich-provinziell wirkend, besitzt im Gegensatz zur „Geldsackgesinnung" und zum übersteigerten Repräsentationsbedürfnis der Borgeois echte Noblesse, gepaart mit geradezu rührender Bescheidenheit und Anspruchslosigkeit des Auftretens. Die Gründe für Fontanes Abneigung gegen die Bourgeoisie finden sich in einem Brief an seine Frau vom 9. Mai 1888. „Zweck der Geschichte (des Romans „Frau Jenny Treibel", d. A.): das Hohle, Phrasenhafte, Lügnerische, Hochmütige, Hartherzige des Bourgeoisie-Standpunktes zu zeigen, der von Schiller spricht und Gerson meint."
Antonymisch lässt sich Gieshübler treffend charakterisieren: innerlich reich, wahrheitsliebend, menschlich, hochherzig.

9. Kapitel

Antrittsbesuche bei den Honoratioren der Stadt und beim Landadel der Umgebung. Effi findet, abgesehen von Gieshübler, niemanden, mit dem sie verkehren möchte.

Besuch Innstettens in Varzin beim Fürsten Bismarck. Während der Nacht „Chinesenspuk", der Effi in panische Angst versetzt.

Den pommerschen Adel der Kessiner Gegend, vertreten durch die Börckes, Ahlemanns, Grasenabbs und Güldenklees, belegt Innstetten mit pauschalem Urteil: „mittelmäßige Menschen von zweifelhafter Liebenswürdigkeit". Damit steht er noch unter dem brandenburgischen Adel, den der alte Fontane im Ganzen als anachronistisch, in seinen Einzelexemplaren jedoch als prachtvoll, sympathisch und für eine poetische Darstellung geeignet ansah.

Sidonie von Grasenabb, eine „dreiundfünfzigjährige Jungfer" bestätigt Attwoods Feststellung, dass bei Fontane die der Karikatur am nächsten stehenden Figuren meist weiblichen Geschlechts seien. (11) Ihre Beschränktheit ist ein Produkt adliger Töchtererziehung. Da Adelsfamilien die Verehelichung ihrer Töchter mit „passenden" Männern mit allen Mitteln anstrebten, wurde auf berufliche Ausbildung verzichtet und die allgemeine Bildung vernachlässigt. Kam eine Heirat nicht zustande, hielt man sich an die unumstößliche Regel, dass ledige Töchter im Hause zu verbleiben haben. Sie hatten allenfalls die Wahl, sich im Hause nützlich zu machen, als arme Tante bei Verwandten die Wirtschaft zu führen und die Kinder aufzuziehen oder in ein adliges Damenstift einzutreten. Die Wesenszüge Sidonie von Grasenabbs kehren in einigen alten Adelsfräulein von Fontanes Romanen wieder, z.B. Tante Adelheid und Fräulein von Triglaff im „Stechlin" und die Baronin von Snatterlöw in „Cecilie". Sie alle haben ein „Zuviel an Charakter" und „preußischen Tugenden" und ein Zuwenig an menschlicher Güte und Wärme gemein.

Der alte Güldenklee wiederholt mit den Worten „Unser Alter da oben lässt sich nicht spotten, der steht zu uns" die von allen Kanzeln verbreitete Ansicht, Gott habe den Sieg in den Kriegen von 1864 bis 1870/71 höchstpersönlich an die preußischen Fahnen geheftet. Beim Einzug Kaiser Wilhelms I. „an der Spitze seiner Truppen" aus dem Deutsch-Französischen Krieg verkündete ein Transparent am Brandenburger Tor das Kaiserwort „Welch eine Wendung durch Gottes Führung". In diesem Satz mischen sich alttestamentliche Anschauungen vom auserwählten Volk, die kalvinistische Lehre, Gott belohne den Tüchtigen und provinzieller Dünkel, der seine Augen davor verschließt, dass „jenseits des Berges" auch Leute wohnen, die Gottes Geschöpfe sind.

Wie in allem, was Fontane „seit 70 geschrieben", geht auch in „Effi Briest" der „Schwefelgelbe" um. Der Einfluss auf die Ehe der Innstettens ist voll hintergründiger Diabolik. Sein unsichtbares Wirken leitet die Ehekatastrophe ein. In dem Moment, da Bismarck den ehrgeizigen Landrat in seine Umgebung zieht, verliert Effi ihren seelischen Halt. Ihre panische Angst ist das Ergebnis eines schockartig erlebten Gefühls der Verlassenheit und Leere, das sie nachhaltig traumatisieren sollte. Die Farbe „Schwefelgelb" verbindet in einer einheitlichen Symbolik zwei äußerlich völlig verschiedene Erscheinungen: die Person des Reichskanzlers und den Spukchinesen mit dem gelben Gesicht und den gelben Pluderhosen.

10. Kapitel
Effi bittet ihren Mann, sie nachts nicht mehr allein zu lassen; er lehnt dies mit Rücksicht auf seine Karriere ab. Auf einer Schlittenpartie erfährt Effi die Geschichte von dem unter rätselhaften Umständen verstorbenen Chinesen.

Innstetten verschließt sich nicht nur Effis Bitten, mit denen sie sich von ihren Ängsten zu befreien sucht. Im Gegenteil, er gibt ihnen neue Nahrung, indem er die unheimliche Gestalt eines realen Chinesen, der unter ungeklärten Umständen starb und in ungeweihter Erde vergraben wurde, schildert. Den Aberglauben, dass die Seele eines derartig Bestatteten ruhelos umgehe, nutzt Innstetten bewusst in seinem Angstkalkül.
Indem Effi ihr Luftbedürfnis stillt und das befreiende Gefühl genießt, auf der Schlittenpartie „so hinzufliegen", hofft sie, dass alle Angst von ihr abfalle. Das „Luftbedürfnis" war Fontane selbst in starkem Maße eigen. Lange Jahre hindurch entfloh er immer wieder für Monate der Berliner „Kanal und Malarialuft" in den Harz oder in das Riesengebirge.

11. Kapitel
Abendgesellschaft bei Gieshübler. Gesangsvortrag der Tripelli.

Man wäre versucht, die Einkehr der Innstettens im Gasthaus „Zum Fürsten Bismarck" als eine für die Romanhandlung überflüssige Episode anzusehen, enthielte sie nicht einige aufschlussreiche kritische Elemente. Bereits die Benennung eines Gasthauses mit dem Namen eines lebenden Staatsmannes ist ein Satirikum; die Feststellung, dass Bismarck bedrucktes Papier nicht leiden könne, stempelt den Kanzler des Deutschen Reiches als Literaturfeind ab.
"Seine Kritik an der mangelnden Bildung des preußischen Adels spricht Fontane als Dichter üblicherweise nicht unmittelbar aus.

Vielmehr bedient er sich, um das Phänomen der Bildungsinsuffizienz spürbar zu machen, desselben Mittels, das für seine Gesellschaftskritik überhaupt charakteristisch ist. Allerlei lustige Glossen und Anekdoten deuten darauf hin – harmlos spöttische Bagatellen, die in ihrer Gesamtheit eine reizvolle Schicht in seinem Werk bilden." (12)

Effi Briests Bildungsmängel gehen einher mit einem deutlichen Mangel an Selbstbewusstsein. Mit kritikloser Begeisterung verfolgt sie den Gesangsvortrag und ihre Vorschläge lassen die Tripelli „in Abgründe sehen", sie hat dafür nur ein leichtes Kopfschütteln übrig. Sympathisch berührt die Offenheit, mit der Effi ihre Defizite eingesteht: „ich habe noch so wenig derart kennen gelernt, immer nur auf kurzen Besuchen in Berlin ... und dann war ich noch ein halbes Kind."

12. Kapitel

Gespräche auf dem Heimweg von der „Musikalischen Soiree" bei Gieshübler über die Erlebnisse des Abends. Weihnachten bei Innstettens. Effi teilt am Silvesterabend ihrer Mutter mit, dass sie ein Kind erwartet.

Gewiss ist es nicht unbedenklich, aus den Äußerungen, die ein Schriftsteller seinen Figuren in den Mund legt, Schlussfolgerungen über seine eigenen Ansichten zu ziehen. „Ob Fontane im landläufigen Sinn an Gott geglaubt hat, muss letzten Endes unbeantwortet bleiben. Seine Scheu und Zurückhaltung haben ihn daran gehindert, so etwas Persönliches und schließlich nur den einzelnen etwas Angehendes zu offenbaren." (Attwood, 13) Rudolf Brinkmann stellt fest, dass Fontane das Christentum mal rühmte, dann wieder kritisierte, gelegentlich habe er den Katholizismus dem Protestantismus vorgezogen, manchmal umgekehrt. An theologischen oder philosophisch-systematischen Problemen sei er nicht interessiert gewesen. (14)

Die köstliche Passage, in der die Pastorentochter Tripelli ihre eigene Standpunktlosigkeit in religiösen Fragen ironisiert, enthält auch eine gehörige Portion Selbstironie des Dichters, mit der er seine eigene Indifferenz im religiösen Meinungsstreit aufs Korn nimmt. Pastor Lindequist, ein „ironikus", hatte die Tripelli nach ihrer kirchlichen Richtung gefragt und die Antwort erhalten: „dass sie nur eine Richtung kenne, die orthodoxe. Ihr Vater sei freilich ein Rationalist gewesen, fast schon ein Freigeist ..., sie ihrerseits sei aber ganz entgegengesetzter Ansicht, trotzdem sie persönlich des großen Vorzugs genieße, gar nichts zu glauben. Aber sie sei in ihrem entschiedenen Nichtglauben doch auch jeden Augenblick bewusst, dass das ein Spezialluxus sei, den man sich nur als Privatperson leisten könne. Staatlich höre der Spaß auf, und wenn ihr das Kultusministerium oder gar ein Konsistorialregiment unterstünde, so würde sie mit unnachsichtiger Strenge vorgehen. `Ich fühle so etwas wie einen Torquemada in mir'."

13. Kapitel

Ein Winter mit Besuchen und Gegenbesuchen der benachbarten Adelsfamilien. Gieshüblers Aufmerksamkeiten lassen Effi spüren, was ihr in ihrer Ehe fehlt. – Im Mai teilt Effi ihrer Mutter das Eintreffen des neuen Landwehr-Bezirkskommandeurs, des Majors von Crampas, mit.

Effis Vereinsamung erreichte ihren Höhepunkt an den langen Winterabenden, wenn sich Innstetten zu seinen Akten zurückzog und sie der ausschließlichen Gesellschaft ihres Hundes überließ: „Ja, Rollo, wir sind allein". In seinen Gesprächen nimmt der Landrat zu den politischen Fragen eine streng konservative Stellung ein, interessiert sich ausgiebig für Ernennungen und Ordensverleihungen und spricht davon, wie gut es sei, dass in seinem Kreis noch Respekt herrsche. Er ist ein „Wagnerschwärmer", und diese Vorliebe hat auch zu tun mit Wagners Antisemitismus. Fontane hatte für Richard Wagner nichts übrig. – Seine Stellungnahmen zu den Juden, wohl auch diktiert von seinem Bourgeoisiehass, lassen den heutigen Leser angesichts der Verbrechen des Nationalsozialismus zuweilen erschaudern. „ .. ich bin von Kindesbeinen an ein Judenfreund gewesen und habe persönlich nur Gutes von den Juden erfahren. Dennoch habe ich so sehr das Gefühl ihrer Schuld, ihres grenzenlosen Übermuts, dass ich ihnen eine ernsthafte Niederlage nicht bloß gönne, sondern wünsche. Und das steht mir fest, wenn sie sie nicht jetzt erleiden und sich jetzt auch nicht ändern, so bricht in Zeiten, die wir beide freilich nicht mehr erleben werden, eine schwere Heimsuchung über sie herein." (15) Auch im Verhältnis zum Judentum änderten sich Fontanes Ansichten im Laufe der Zeit. Zehn Jahre später lobt er Bildung, Angeregtheit und Interesse der „Judengesellschaften", hinter denen die „Christengesellschaften" weit zurückblieben und bekennt: „Unter Tränen wachse ich immer mehr aus meinem Antisemitismus heraus, nicht weil ich will, sondern weil ich muss." (16) 1894, anlässlich seines 75. Geburtstages, muss er feststellen, dass es vor allem Juden waren, die sich für sein schriftstellerisches Werk interessierten. Als der im Grunde unvoreingenommene Fontane den Roman „Effi Briest" schrieb, hatte er seine Vorurteile gegen die Juden offensichtlich überwunden und sah den Antisemitismus Innstettens als negativen Charakterzug an.

Die Darstellung der Hinterbliebenen der Registratorwitwe Rode, ihrer ordinären Geldgier und schäbigen Gesinnung, erinnert an einen Brief an seine Tochter Mete: „Ich hasse das Bourgeoisiehafte mit einer Leidenschaft, als ob ich ein eingeschworener Sozialdemokrat wäre." (17)

14. Kapitel
Annis Geburt und Taufe.

Während Effi sich bei der Anstellung des Kindermädchens Roswitha auf ihr natürliches Gefühl verlässt, verzichtet Innstetten nicht darauf, vorher das Gesindebuch einzusehen, obwohl ihn ihr „gutes Gesicht" bereits für sie eingenommen hatte.

Die Vorschriften des „Gesinderechts" forderten die Führung von Gesindezeugnisbüchern. Gegen wahrheitswidrige Eintragungen seitens der Dienstherrschaften standen den Betroffenen Rechtsmittel nicht zur Verfügung. Eine der ersten Maßnahmen des Rates der Volksbeauftragten nach der Abdankung des Kaisers im November 1918 war, alle landesrechtlichen Gesindeordnungen außer Kraft zu setzen.

Bei Effis Entschluss, Roswitha ins Haus zu nehmen und in ihrem eigenen Zimmer einzuquartieren, hatte auch die Vorstellung mitgewirkt, dass Roswithas Katholizismus sie vor den Spukerscheinungen besser schütze als ihr eigener Protestantismus. Effis Angst siegte über das normale Distanzverhältnis zwischen Herrin und Magd.

Der im Kaiserreich grassierende, alle Lebensbereiche durchdringende Hurrapatriotismus drängte sich auch in die persönlichen und familiären Beziehungen. Bei der Festsetzung des Termines einer Familienfeier war auch zu berücksichtigen, welche

Bedeutung das Datum in der vaterländischen Geschichte hatte und ob er sich mit Erinnerungen an einen triumphalen Sieg der „preußischen Waffen" verband. „Die Ironie dieser Stelle muss dem Leser spätestens dann bewusst werden, wenn er vernimmt, dass man den 15. August, den 'Napoleonstag' als Festtag festgesetzt hat, 'was denn auch von Seiten einiger Familien beanstandet wird'. dass Fontane ausgerechnet den 'Napoleonstag' für die Taufe aussucht, kann kein Zufall sein. Ihm geht es um die unweigerlich komisch wirkende Gegenüberstellung von dem 'Tag von Königsgrätz' und dem 'Napoleonstag'."[22)] (18) Vaterländische Reden werden auch an der Tauftafel gehalten und verdrängen jene Betrachtungen, die dem eigentlichen festlichen Anlass entsprechen. Auf die Zukunft des Täuflings einzugehen, lohnt nicht: „schade, dass es ein Mädchen ist". Solange die adligen Standesgenossen unter sich sind, legt man auf höfische Umgangsformen größten Wert. Doch wenn Crampas mit Gieshübler spricht, verzichtet er auf die Anrede „Herr". Der wesentlich ältere Gieshübler wahrt dagegen die Etikette und antwortet höflich mit „Herr Major". Diese scheinbar belanglose Nebensächlichkeit charakterisiert treffend die übertrieben hohe gesellschaftliche Stellung des adligen Offiziers in der monarchischen Gesellschaft und zeigt, wie sich Deutschland in der wilhelminischen Zeit in einen großen Kasernenhof verwandelt hatte.

[22)] Dass Fontane ausgerechnet den „Napoleonstag" für die Taufe aussucht, ist kein Zufall: Ihm geht es um die unweigerlich komisch wirkende Gegenüberstellung von dem „Tag von Königsgrätz" (Sieg der Armee Preußens über die Österreicher) und dem Napoleonstag. – K. Attwood, S. 362. – Überdies vermerkt Chr. Grawe in seinem Nachwort zu Fontanes „Meine Kinderjahre": „,... Auch der Schatten Napoleons spukt wegen der Vorliebe Louis Henri Fontanes für die Generäle des Kaisers gerade in der Apothekersfamilie noch stark herum. Wieder lässt sich hier ein Zug erkennen, den der Sohn vom Vater geerbt hat: die Begeisterung für die menschlichen Elemente der Historie und für die spannenden geschichtlichen Ereignisse – kurz, das balladeske Geschichtsverständnis, das bei Fontane literarisch so furchtbar geworden ist. – Chr. Grawe. Nachwort zu Th. Fontane. „Meine Kinderjahre". Stuttgart 1986 (RUB 8290), S. 244-269. (Im Literaturverzeichnis nicht aufgeführt.)

15. Kapitel

Effi weilt im Spätsommer zu Besuch in HohenCremmen. Gespräch mit dem alten Briest über ihren Hund Rollo und Innstetten.

Wieder in Kessin, empfängt sie Innstetten mit vielen Aufmerksamkeiten. Anlässlich eines zufälligen Besuchs erläutert Crampas die geplanten Veranstaltungen der „Ressource". In einem Theaterstück soll Effi eine Rolle übernehmen.

Schon beim Betreten ihres Kessiner Hauses wurde Effi wieder angst: „Solch fahles, gelbes Licht gibt es in HohenCremmen nicht". Die Farbe gelb verband sich in ihrer Erinnerung mit dem Spukerlebnis; sie mag ihr auch eine leise Vorahnung eines drohenden Verhängnisses eingegeben haben. Die letzten Tage voller Glück und Zufriedenheit lagen hinter ihr – am Ende des Kapitels tritt der leibhaftige Versucher auf den Plan, und das Unheil nimmt seinen Lauf.

Hauptinhalt des Kapitels sind Effis Gespräche mit den drei Männern, die in ihrem Leben eine Hauptrolle spielen. Das Gespräch mit dem alten Briest ist geprägt von seiner väterlichen Sorge und von Ratlosigkeit: „Es ist so schwer, was man tun und lassen soll. Das ist auch ein weites Feld." Die Plauderei mit Innstetten, im leichten Konversationston geführt, ist so durchsetzt mit Sticheleien („Weißt du, dass du eine kleine Kokette bist?", „Das ist für euch das Beste, was man sein kann. Und du bist nicht anders als die andern, wenn du auch so feierlich und ehrsam bist.") und halben Vorwürfen, dass ein baldiges Umkippen in Streit zu drohen scheint, bevor im letzten Moment der Ehemann mit einem Kompliment den Ehefrieden rettet. Von gänzlich anderer Natur ist das Gespräch mit Crampas, das von beiden Seiten mit versteckten Anzüglichkeiten durchsetzt ist. In „Meine Kinderjahre" schreibt Fontane: „Ich habe diese Meinung, in scherzhaftem Ton mit Damen in diffizile Debatten einzutreten, von ihm geerbt, ja diese Neigung sogar in meine Schreibweise mit herübergenommen, und wenn ich entsprechende Szenen in meinen Romanen und kleinen Erzählungen lese, so ist es mir mitunter, als hörte ich meinen Vater sprechen." (19)

Kurz entschlossen bricht Effi schließlich das Gespräch ab und hält ihr Kind „stolz und glücklich" in die Höhe. Diese deutliche

Geste soll wohl demonstrieren, dass Crampas' dubioser Charme seine Wirkung auf sie verfehle.

Die Gespräche sind von einer hohen Meisterschaft der Gestaltung individuell nuancierter, psychologisch pointierter Dialoge, die in der Weltliteratur ihresgleichen sucht. Sie reflektieren auf das anschaulichste Charakter, Motive und Wunschvorstellungen der so unterschiedlichen Figuren. Der Vater ist beherrscht von der Sorge um das Glück seines Kindes, Innstetten treibt die Sorge um die Erhaltung dessen, was er für sein eigenes Glück hält und Crampas denkt und handelt nur nach der Devise „Abwechslung ist des Lebens Reiz".

Die prahlerische Heldenpose war Fontane zeitlebens ein Ärgernis. Schon 1856 bekannte er: „Jener natürliche, originale Mut, der nicht das Produkt nobler Eigenschaften ist, gilt mir herzlich wenig, ja, so gern ich die Reinheit seines Vorkommens in Einzelfällen zugebe, im allgemeinen halte ich ihn für eine bedenkliche, wenig wünschenswerte Eigenschaft. Rohheit liegt in der Regel nah. Der Mut, den wir einzig und allein brauchen können, ist das Resultat der Liebe, der Pflicht, des Rechtsgefühl, der Begeisterung und der Ehre, er ist nicht angeboren, sondern er wird, er wächst." (20)

16. Kapitel

Effi und Crampas begegnen sich fast täglich. Zunächst mit Innstetten, später ohne ihn, unternehmen sie Ausritte in die Umgebung in Begleitung zweier Diener. Crampas klärt Effi über Innstettens „Erziehermentalität" und seine Kalkulation mit Effis Angst vor dem Chinesenspuk auf.

Der „Prinzipienverächter" Crampas pfeift auf das Gesetz. „Alle Gesetzlichkeiten sind langweilig." Er erhält Effis Beifall und der „Prinzipienreiter" Innstetten sieht sich genötigt, einen seiner kleinen moralischen Vorträge zu halten: „Aber einer wie Sie, Crampas, der unter der Fahne der Disziplin groß geworden ist und recht gut weiß, dass es ohne Zucht und Ordnung nicht geht, ein Mann wie Sie, der sollte doch eigentlich nicht so reden, auch nicht einmal im Spaß. Indessen ich weiß schon, Sie haben einen himmlischen Kehrmichnichtdran und denken, der Himmel wird nicht gleich einstürzen, nun, gleich nicht. Aber mal kommt es." Gieshübler muss als gutes Beispiel herhalten: „immer Kavalier und dabei doch Grundsätze."

Crampas wendet ein, dass Gieshübler nichts anderes übrig bleibe, weil er einen „Verdruss", einen Buckel habe. „Wer gerade gewachsen ist, ist für Leichtsinn. Überhaupt, ohne Leichtsinn ist das ganze Leben keinen Schuss Pulver wert." – Diese zynisch geäußerten Ansichten laufen darauf hinaus, dass Recht und Gesetz nur für die Kranken und Ängstlichen da sind, die Gesunden und Waghalsigen jedoch nach eigenen Gesetzen zu handeln berechtigt sind. Ihr Recht ist, sich auszuleben, ohne Bindung an die Prinzipien von Ordnung und Disziplin. Eine Standes- und Herrenmoral „ohne die rechte Gesinnung", die nach dem Grundsatz „dem Mutigen gehört die Welt" denkt und handelt, ist für den Ordnungsfanatiker Innstetten nichts als eine freche Provokation der Rechtsordnung, die nicht ohne Folgen bleiben kann.

Das Odium der Indiskretion und des Verrats, das dem Gespräch über Innstettens Verhalten gegenüber seinen Kriegskameraden anhaftet, die Darstellung, wie er sich mit Spukgeschichten interessant machte und schließlich der eiskalt berechnete Hinweis, dass Innstetten den Spuk zur Einschüchterung seiner Frau einsetzte, stellt eine Vertraulichkeit zwischen Crampas und Effi her, die beide einander näher bringt und Effis Bindung an ihren Mann lockert.

17. Kapitel
Letzter Ausritt des Jahres. Picknick in den Dünen. Crampas erzählt Gruselgeschichten aus Heines Romancero-Gedichten.

Meisterhaft nutzt Crampas seine Unterhaltungskunst, um Effi zu umgarnen. Dabei bevorzugt er gleichermaßen das Spuk- und Schauerhafte wie das Anzüglich-Pikante, wofür Heines Romancero-Balladen reichlich Stoff bieten. Effis Ahnungslosigkeit in literarischen Dingen macht es ihm leicht. „In Fontanes populärstem Werk 'Effi Briest' erscheint die Titelheldin immer wieder durch Bildungslücken blamiert. Wenn sie mit Luthers Tischgesprächen nicht vertraut ist, so mag das noch hingehen. Aber dass Effi der allgelesene Modedichter der Zeit Heine fremd blieb, fällt als ungewöhnlich auf. Gefragt, ob sie Heines Vineta-Gedicht ('Seegespenst') kenne, antwortet sie resigniert: 'Nein, das ken-

ne ich nicht; ich kenne überhaupt nur wenig. Leider.' So sind ihr natürlich auch Heines Vitzliputzli-Gedichte unbekannt." (21)
Die Geschichte vom Kalatrava-Ritter spricht Effis romantischen Sinn an; dennoch übersieht sie nicht das Anzügliche und wird nachdenklich. Es scheint, als ob sie das Schicksal des heimlichen ritterlichen Liebhabers Crampas' Ende voraussahnen lässt. Der Ausritt endet mit einem Missklang, weil Crampas abermals versucht, Vertraulichkeiten herzustellen, die vor Innstetten verheimlicht werden sollten. Effi erkennt das Bedenkliche seines Verhaltens, hat aber nicht die Kraft und den festen Willen, Crampas Annäherungsversuche entschieden zurückzuweisen.

18. Kapitel
Die Theateraufführung wurde ein voller Erfolg und man bewunderte Effi ausgiebig.
Schlittenpartie nach der Oberförsterei Uvagla.

Der gute Vorsatz, in Zukunft auf die Begegnungen mit Crampas zu verzichten, ist vergeblich. An einem Mann mit seinen gesellschaftlichen Talenten kommt man in Kessin nicht vorbei, und so übernimmt er wie selbstverständlich das Kommando bei der Vorbereitung des Stückes „Ein Schritt vom Wege". – Die Wahl dieses Titels stellt eine beziehungsreiche Andeutung dar, die das eingetretene Stadium des Abweichens von dem durch Gesellschaft und Konventionen vorgeschriebenen Verhalten markiert.
In den Gesprächen des Ehepaares Innstetten taucht immer wieder Crampas auf. Innstettens Argwohn war die Beflissenheit nicht entgangen, mit der Effi Crampas auswich. Er warnt sie mit dem Hinweis auf Crampas' Spielernatur und sie verspricht Vorsicht. Innstetten meint, dass übergroße Vorsicht nichts helfe: „Unbefangenheit ist immer das beste, und natürlich das allerbeste ist Charakter und Festigkeit und, wenn ich solch steifleinernes Wort brauchen darf, eine reine Seele." Man müsse nur in Ordnung sein und sich nicht zu fürchten brauchen. Effi fiel ein, was Crampas über Innstetten als Erzieher gesagt hatte.

19. Kapitel
Auf der Rückfahrt erklärt Crampas Effi seine Liebe.

Im Hause des Oberförsters herrscht eine Wohlhabenheit, die in einem auffälligen Kontrast zur althergebrachten altpreußischen „Knickrigkeit" und „Kleinstiezigkeit" steht. Sidonie von Grasenabb findet den Lebensstil der Bürgersfamilie unangemessen. „Ihrem Altpreußentum ist sie treu, indem sie dem 'kleinen' zugeneigt bleibt, aber nicht etwa wegen ärmlicher Verhältnisse, wie sie im alten Preußen noch geherrscht haben, also nicht aus 'Not', sondern weil sie von der veralteten Lebensweise nicht freikommen kann oder will, 'aus purer Neigung'. dass nur 'uralte Themen uralter Epochen' sie interessieren, beweist von neuem, wie anachronistisch sie ist. Für Fontane sind alle 'kleinlich' gebliebenen Preußen – und Deutschen – und das sind in seinen Augen nicht wenige, ebenso anachronistisch und überlebt." (22) Während Adelheit von Stechlin, trotz der „märkischen Enge" und „tiefen Prosa ihrer Natur" eine noble Gesinnung besitzt, ist Sidonie eine neiderfüllte alte Jungfer, die alles, was innerlich frei, großzügig und lebensfroh ist, verabscheut. Und dennoch verschmäht sie nicht die Annehmlichkeiten der oberförsterlichen Gastfreundlichkeit; als das englische Roastbeef gereicht wurde, bediente sie sich ausgiebig und dem Punsch sprach sie tapfer zu.

Nachdem die unvermeidlichen Tischreden gehalten waren, geprägt vom stockkonservativen, altpreußischen Geist, mit Seitenhieben gegen Liberalismus und Judentum, singt man gemeinsam die Preußenhymne. Der alte Borcke ist stolz, weil man in anderen Ländern so etwas nicht habe. Innstetten, der diese Art von Patriotismus nicht schätzt, antwortet: „in anderen Ländern hat man was anderes". Fontanes fein-nuancierte Kunst der Dialoggestaltung lässt ein differenziertes Bild des Bewusstseins der verschiedenen Vertreter des preußischen Adels entstehen. Altkonservative Anschauungen stehen modernen Auffassungen gegenüber, der Provinzialismus des pommerschen Adels ist noch ausgeprägter als der des altmärkischen Adels.

Der „Schloon" besitzt im Romangeschehen eine symbolische Bedeutung. Er markiert den Punkt, an dem Effis Leben eine bedrohliche Wendung nimmt. Dank Innstettens Umsicht, der einen Umweg wählt, entgeht sie der Gefahr des Einsinkens. Doch der Weg führt durch einen dichten Wald. „Bis dahin waren

Licht und Schatten um sie gewesen, aber jetzt war e[s]
vorbei." Auch die Besinnung auf die Gottesmutter hilft nic[ht].
Crampas nutzt eine günstige Situation, um allein mit ihr in [Schlit]-
ten zu sein. Nun lässt er alle Zurückhaltung fallen.

20. Kapitel
Wiederum warnt Innstetten Effi vor Crampas.
Effi lehnt den Verkehr mit den Familien des Landadels ab;
statt dessen unternimmt sie täglich lange Spaziergänge, die
der Arzt ihr verordnet hatte. Innstetten reist dienstlich nach
Berlin.

Innstettens Traum, in dem Effi mit Crampas im Schloon versank, gleicht einer Vorahnung kommenden Unheils. Was sich zwischen Effi und Crampas eigentlich ereignet, bleibt vorläufig im Dunkeln und wird erst, wenn die Romanhandlung um Jahre vorangeschritten ist, in Bruchstücken erhellt. Der Leser erfährt nur Reflektiertes: Innstettens Misstrauen und Effis Selbstvorwürfe. Doch sie vermögen am Lauf der Dinge nichts zu ändern. „So trieb sie denn weiter, heute, weil sie's nicht ändern konnte, morgen, weil sie's nicht ändern wollte. Das Verbotene, das Geheimnisvolle hatte seine Macht über sie." Versteckte Andeutungen verraten, dass Effi „einen Schritt vom Wege" abgewichen war. Es kann nicht Zufall sein, dass Effi und Roswitha sich trotz präziser Verabredungen häufig verfehlen, und wiederholt verrät sich Effi durch eine ungeschickte Geste oder Bemerkung. Aus dem „verdeckten Komödienspiel" wird am Ende eine Tragödie, in der das Verhängnis unaufhaltsam seinen Lauf nimmt, und parallel zur Ehekrise der Innstettens treten erste Anzeichen jener Krankheit auf, die schließlich zu Effis Tod führt.

Auch Innstetten hatte seine „Komödie" gespielt, und Effis Selbstzweifel gingen so weit, dass sie sich fragen musste, ob er wohl recht damit hatte. „Und allerhand Widerstreitendes, Gutes und Böses, ging ihr durch den Kopf." Die Verwirrung in Effis Gefühlswelt ist typisch für viele Gestalten in Fontanes Romanen, in denen Liebe und Hass, Zustimmung und Ablehnung sich ständig durchmischten.

21. Kapitel

Auch während der Abwesenheit Innstettens führt Effi ihre täglichen Spaziergänge fort.
Zurückgekehrt, überrascht Innstetten Effi mit der Mitteilung, dass er nach Berlin als Ministerialrat versetzt sei. Effi reagiert mit überdeutlicher Erleichterung, was erneut Innstettens Misstrauen wachruft.

Auf der Ebene der erzählten Handlung ereignet sich wenig: Innstetten ist auf Dienstreise, Effi setzt ihre Spaziergänge fort und im Hause passiert fast nichts. Fontane praktiziert seine Kunst der verhaltenen Erzählweise. Im Hintergrund treibt Effis Affäre fast unmerklich dem Höhepunkt zu – die Spaziergänge werden immer länger und es werden keine Treffs mehr mit Roswitha verabredet.

Effis Vorhaltungen, mit denen sie Roswitha davon abhalten will, sich mit dem Kutscher Kruse einzulassen, zeigen zweierlei: ihr Bewusstsein, dass ein solches Verhältnis zu keinem guten Ende führen kann („Mit einem Ehemanne, das tut nie gut") und ihre Ohnmacht, aus eigener Kraft auf den rechten Weg zurückzukehren („Ja, was weiß man nicht alles und handelt doch, als ob man es nicht wüsste.").

Auffällig sind die Parallelen zwischen Crampas und Kruse. Beide sind selbstzufriedene, selbstsichere Männer, beide leben in „kaputten" Ehen mit psychisch belasteten Frauen.

Effi hat sich in diesen Wochen deutlich verändert; sie büßte ihre Frische ein, und in Innstetten hatte sich der Argwohn eingenistet, der flüchtig, aber immer sich erneuernd über ihn kam. Selbst der Hund Rollo spürte, dass manches anders war. Er spielte neuerdings den Zurückhaltenden und legte seinem Herrn nicht mehr die Pfoten auf die Schultern.

Was sich in diesen Wochen ereignet hatte, erfährt der Leser später, als längst geschehen. Dann erhalten manche Umstände, die zunächst nebensächlich erscheinen, für die Romanhandlung Sinn und Gewicht.

22. Kapitel
Effi fährt umgehend mit Roswitha und Anni nach Berlin, um eine passende Wohnung zu suchen.

Effi wird durch Innstettens Versetzung nach Berlin schlagartig aus allen Ängsten und Verstrickungen befreit; ihr ist, als hätte der liebe Gott eingegriffen. Energisch und geschickt fädelt sie ihre sofortige Abreise ein; der Brief der Mutter kam im günstigsten Augenblick. Sie sieht in dem Umzug nach Berlin die Chance, ein neues Leben zu beginnen und bricht unwiderruflich mit Crampas.

23. Kapitel
Effi spielt „Komödie" und stellt sich krank, um nicht nach Kessin zurückkehren zu müssen. In der Keithstraße 1 mietet sie eine Wohnung.

Die Begegnung mit Vetter Dagobert macht deutlich, dass Effi in der Zeit ihrer Ehe gereift ist, während Dagobert ein alberner, unreifer Jüngling blieb. Sein Bedauern, dass kein Krieg ist und seine Ordensbrust leer bleiben muss, wird von Effi als bloße Eitelkeit gerügt. Von den Leiden und Qualen eines Krieges für Armee und Volk hat er keine Vorstellung.
Fontane geißelt in dieser Leutnantsfigur (sh. auch Anmerkung zum 3. Kapitel) mit ihrer Vorliebe für geistlose Witzeleien die intellektuelle Öde des preußischen Durchschnittsoffiziers, die sich im Niveau der Kasinounterhaltungen widerspiegelt. Die Bibelwitze verschlagen selbst der in Bildungsdingen anspruchslosen Effi die Sprache.
Dr. Rummschüttel verbinden manche Charakterzüge mit den anderen Vaterfiguren des Romans, dem alten Briest und Alonso Gieshübler: verständnisvolle Menschenliebe, Barmherzigkeit, reiche Lebenserfahrung und echte Klugheit. „Er war offenbar ein überaus lebensgewandter Herr, der alles recht gut sah, der nicht alles sehen wollte..." In diesen Figuren kommen die persönlichen Lebensanschauungen des Dichters zum Ausdruck. Der Zerrissenheit und Zwiespältigkeit des Lebens setzen sie die versöhnliche Milde, den Ausgleich und die Aufmunterung entgegen.

24. Kapitel
Endgültige Übersiedlung der Innstettens nach Berlin. Sommerreise nach Rügen und Dänemark. Anschließend, bis Anfang Oktober, Besuch Effis in HohenCremmen.

Das Leben des Ehepaares gestaltet sich scheinbar zum Guten. Effi wurde unbefangener, obwohl es ihr nicht gelang, die Affäre mit Crampas aus ihrem Bewusstsein zu verdrängen.
Auf der Reise nach Rügen holt Effi die Vergangenheit wieder ein. Der Name des Dorfes „Crampas" erschreckt sie auf das heftigste und sie drängt Innstetten, nach Dänemark weiterzureisen. So wird der Sommerurlaub für Effi eine Flucht vor den Dämonen der Erinnerung.
In HohenCremmen, am Abend vor der Rückkehr zu ihrem Mann, sucht Effi ihr schlechtes Gewissen wieder heim und sie fühlt „die Schuld auf ihrer Seele". Noch heftiger plagen sie jedoch Angst und Scham.
Von frühester Jugend dazu erzogen, für alles, was das Leben bereithält, dankbar zu sein, geht Effi völlig das Selbstbewusstsein ab, um sich gegen die Ansprüche der Gesellschaft zu behaupten. Sie hat alles geopfert: ihre Jugend, ihre Selbständigkeit, ihr Recht auf Selbstverwirklichung und ihr Recht auf Glück. Ihre Ehe wurde nicht aus Liebe und Zuneigung geschlossen, sondern sie beugte sich widerstandslos dem Willen ihrer Eltern und den Forderungen der Gesellschaft, die ihr eine dekorative Nebenrolle an der Seite ihres Mannes zuwies. Der Ehemann kümmerte sich kaum um die Neigungen und Interessen seiner jungen Frau, sondern überließ sie „frostig wie ein Schneemann und immer nur Zigarre" der Öde des Provinzlebens. Wie die Mutter befürchtet hatte, sorgte er nicht für Zerstreuungen und Anregungen, um die Langeweile zu bekämpfen, der „Todfeindin einer kleinen, geistreichen Person".
Ihm genügte das Gefühl, Effi zu lieben „und das gute Gewissen, dass es so sei, ließ ihn von besonderen Anstrengungen absehen". Das Minimum an Zuneigung, das Effi für ihren Mann aufbrachte, machte er zunichte durch die sadistische Kalkulation mit ihrer irrationalen Gespensterfurcht.
Das Leben des Ehepaares wird weitgehend von Karriererücksichten des Ehemannes bestimmt. Ihnen hat sich Effi unter Preisgabe ihrer eigenen Persönlichkeitsentwicklung unterzuordnen.

25. Kapitel

Das Ehepaar Innstetten hat im Berlin der Kaiserzeit gesellschaftlichen Erfolg. Effi wird Ehrendame der Kaiserin. Da weiterer Kindersegen ausbleibt, verordnet Dr. Rummschüttel nach Jahren Effi eine Kur.

Effi erreicht den Gipfel aller Träume landadliger Fräulein aus der Provinz: sie wird Ehrendame der Kaiserin Augusta und auf dem Hofball richtet der alte Kaiser huldvoll Worte an „die schöne junge Frau".
Der „alte Kaiser"[23], der für „jede Dame, auch für die jungen, ein gnädiges Wort hat" (4.Kapitel), wird im „Stechlin" vom alten Dubslaw als der letzte Monarch bezeichnet, der „noch ein wirklicher Mensch war", und am 27. 5.1873 nannte Fontane in einem Brief an seinen Jugendfreund v. Lepel „unseren alten Wilhelm den königlichsten und liebenswürdigsten dieses Geschlechts". Im ganzen beurteilt Fontane die geschichtlichen Leistungen der Hohenzollern positiv. Friedrich II. bestätigte er, „weit über alles Selbstische hinaus, auch im Dienste großer Ideen gestanden zu haben". An Friedrich Wilhelm III. faszinierte ihn dessen „eigenartig scheuer Charakter". An Friedrich Wilhelm IV. und Wilhelm II. beanstandete er, sie hätten unzeitgemäße Ziele mit unzeitgemäßen Mitteln verfolgt. Fontanes Verhältnis zu Wilhelm I. blieb nicht völlig ungetrübt. Zunächst fand er die Aufnahme seiner Bücher über die Kriege von 1864 bis 1870/71 reichlich kühl: „Zwölf Jahre habe ich an diesen Kriegsbüchern Tag und Nacht gearbeitet; sie feiern nicht in großen, aber in empfundenen Worten unser Volk, unser Heer, unseren König und Kaiser ... Und eben dieser Held und Kaiser, gefragt, 'ob er einen Grund habe, dem Verfasser dieses umfangreichen Werkes wohlzuwollen oder gnädig zu sein', verneint diese Frage". (23) Auch missbilligte der Monarch, dass Fontane sein Amt als Sekretär der Akademie der Künste wieder niederlegte, als die kaiserliche Unterschrift unter der Ernennungsurkunde kaum trocken war.

---

23) Der „alte Kaiser" wird im Roman „Der Stechlin" von Dubslaw als der letzte Monarch bezeichnet, „der noch ein wirklicher Mensch war", und Fontane bezeichnete den Regenten in einem Brief an seinen Jugendfreund v. Lepel als den „königlichsten und liebenswürdigsten dieses Geschlechts". – (Vgl. Th. Fontane, Briefe. Berlin 1910)

Es waren vor allem die altpreußischen Ideale, die Fontane an Kaiser Wilhelm I. schätzte: Einfachheit, maßvolle Lebensweise, Pflichtgefühl und Standhaftigkeit.

26. Kapitel
Effi weilt zur Kur.
Anni verletzt sich an der Stirn. Beim Suchen nach Verbandmaterial kommt ein Bündel Briefe zutage, das die Hausangestellten achtlos auf dem Fensterbrett liegen lassen.

Fontane war ein reiselustiger Mann, und Jahr für Jahr war er monatelang von Berlin abwesend. So ist es naheliegend, dass auch in seinen Romanen ausgiebig gereist wird und man in Bädern zur Kur weilt. In dem „Effi Briese thematisch verwandten Roman „Cecilie" spielen sich wesentliche Szenen in einem Harzer Luftkurort ab, und Käthe von Sellenthin, die Gattin Bodo von Rienäckers in „Irrungen, Wirrungen", war ebenfalls wegen Kinderlosigkeit in Bad Schwalbach. Sie schreibt ebenso wie Effi übermütige Briefe, nur heißt die Reisebekannte, sie ist auch eine Bürgerliche, Salinger und stammt aus Wien.
Autobiographische Momente und Verwandtschaft der Motive sind kennzeichnend für Fontanes Schaffensmethode. Was er selbst gesehen und erlebt hatte, diente ihm oft als Entwurf und Modell für sein erzählerisches Werk.

27. Kapitel
Das Bündel Briefe fällt Innstetten in die Hände und er erkennt, dass es sich um eine Korrespondenz zwischen Crampas und seiner Frau handelt. Er bittet seinen Kollegen Wüllersdorf, Crampas eine Duellforderung zu überbringen und ihm selbst als Sekundant beizustehen.

Paul Wandrey nannte das entscheidende Gespräch zwischen Innstetten und Wüllersdorf „die größte Sprechszene des deutschen Romans". Hier wird mit dem Satz „unser Ehrenkultus ist ein Götzendienst, aber wir müssen uns unterwerfen, solange der Götze gilt" der Stab über das feudale Gesellschaftssystem und seine antiquierten Konventionen gebrochen. Die gesellschaftlichen Normen stimmen nicht mehr mit den natürlichen ethischen Anschauungen der Menschen überein. Sie haben sich vom normalen Leben gelöst, sich verselbständigt und die Exponenten des Systems zu bloßen Marionetten eines „tyrannischen GesellschaftsEtwas" gemacht, das ihnen jeden Spielraum für eine persönliche Entscheidung nimmt und selbst die Tötung im Duell in bestimmten Fällen rechtfertigt. Noch liebt Innstetten seine Frau, noch wäre er imstande, ihr zu verzeihen. Trotz der tiefen Kränkung, die ihm angetan wurde, ist er ohne Hass und Durst nach Rache. Ausschlaggebend für seine Entscheidung ist jedoch nicht sein privates Empfinden, sondern „das Ganze", auf das man beständig Rücksicht zu nehmen habe. Es ist ihm zwar möglich, ohne Glück zu leben, die Verachtung der Gesellschaft könnte er jedoch nicht ertragen; es bliebe ihm nichts übrig, als sich eine Kugel durch den Kopf zu jagen.

Innstetten durchschaut die moralische Haltlosigkeit der gesellschaftlichen Normen, doch er vermag nicht, sich gegen sie aufzulehnen. Die Fragwürdigkeit des preußischen Ehrenkodexes wird in Innstettens Verhalten bloßgestellt. Im Jahre 1880 schrieb Fontane in einem Brief: „Ich habe in dem Verkehr mit Hof und Hofleuten ein Haar gefunden. Sie bezahlen nur mit 'Ehre' und da diese ganze Ehre nicht den Wert einer altbackenen Semmel für mich hat, so wird es nicht schwer, darauf zu verzichten."

28. Kapitel
Innstetten tötet Crampas im Duell.

Kaum mehr als ein halbes Dutzend Zeilen braucht Fontane, um den Ablauf des Duells zu schildern. „Alles erledigte sich rasch, und die Schüsse fielen. Crampas stürzte." Eine eingehendere Darstellung dieses barbarischen Aktes der Selbstjustiz schien ihm überflüssig. Was er von der Duelliererei des Adels hielt, verraten auch die Betrachtungen über den Fall des 1856 im Duell getöteten Berliner Polizeipräsidenten von Hinkeldey im 14. Kapitel von „Irrungen, Wirrungen": „Und warum. Einer Adelvorstellung, einer Standesmarotte zuliebe, die mächtiger war als alle Vernunft, auch mächtiger als das Gesetz, dessen Hüter und Schützer zu sein er eigentlich die Pflicht hatte."[24]

---

24) Im 14. Kapitel des Romans „Irrungen und Wirrungen" sagte Fontane über den Fall des im Duell getöteten Berliner Polizeipräsidenten v. Hinkeldey: „,... Und warum. Einer Adelsvorstellung, einer Standesmarotte zuliebe, die mächtiger war als alle Vernunft..." – Vgl. auch KÖNIGS ERLÄUTERUNGEN und MATERIALIEN Band 330.

Die Knappheit der Schilderung des äußeren Handlungsablaufs steht in einem deutlichen Kontrast zur Dynamik der psychologischen Vorgänge. Auf der Fahrt mit dem Dampfschiff, und dann mit der Droschke, erinnert sich Innstetten wehmutsvoll an glücklichere Zeiten: „ein grauer Novembertag damals, aber er selber froh im Herzen; nun hatte sich's verkehrt: das Licht lag draußen, und der Novembertag war in ihm, ..."

Das Gefühl des Unheimlichen überkommt Innstetten beim Anblick seines früheren Hauses, das nun öde und verlassen dalag. Fast ist er so weit, Effis Ängste zu begreifen, doch er wischt abrupt die Erinnerung beiseite – das Bevorstehende nimmt seine Gedanken voll in Anspruch.

Fontanes Kunst der psychologisch feinnuancierten Gestaltung der Charaktere, die auf jede Schwarz-Weiß-Zeichnung verzichtet, belegt Wüllersdorfs Bericht, wie Crampas die Duellforderung aufnahm – und die Versicherung, dass Crampas Reaktion ihn erschütterte, wirkt auf eine besondere Weise glaubhaft.

29. Kapitel

Innstetten kommen Zweifel an seiner Handlungsweise er tötete nicht aus einem menschlichen Gefühl, sondern einem „Begriff" zuliebe.

Am Tage nach dem Duell teilt er dem Minister und Effis Eltern das Vorgefallene mit. Am Abend verbreitet die hauptstädtische Klatschpresse den Gesellschaftsskandal.

Innstettens Selbstsicherheit steht auf tönernen Füßen. Im Grunde ist ihm seine Handlungsweise fragwürdig. Sie war keine elementare menschliche Reaktion, sondern „einer Vorstellung, einem Begriff zuliebe, war eine gemachte Geschichte, halbe Komödie ..." Er meditiert über Verjährung und Verjährungsfristen, er vermag nur in juristischen Begriffsschablonen zu denken – der Begriff Gnade kommt in seinen Überlegungen nicht vor.

Vielfältig und vielschichtig verlaufen die Reflexionen, die die Affäre bei den Beteiligten und in der Öffentlichkeit hervorruft. Die Klatschpresse verbreitet über Nacht die Sensation, der Minister findet alles, was geschehen, in Ordnung, die kleinen Leute greifen sensationslüstern die Skandalmeldungen auf und sorgen für schnelle Verbreitung, die Dienerschaft streitet erbittert über das Vorgefallene. Die Katholikin Roswitha ist voller Mitleid mit ihrer „lieben, armen Frau" und dem „armen Major"; sie findet, dass alles schon eine halbe Ewigkeit her ist und Barmherzigkeit und Milde angebracht sind. Dagegen sträubt sich Johannas rigoroser protestantischer Moralismus; als echte „Preußenfrau" versteht sie, dass Innstetten sich nicht alles ruhig gefallen lassen kann, nur weil es so lange her ist. Schließlich könne es der gnädige Herr nicht so weit kommen lassen, dass er von den vornehmen Leuten „geschnitten" wird.

30. Kapitel
Effi erhält in Bad Ems von ihrer Mutter einen Brief mit einem Bündel Geldscheine. Als sie die ersten Zeilen gelesen hat, bricht sie ohnmächtig zusammen.

Mit Hilfe der pikanten Eröffnungen der Geheimrätin Zwicker, in denen sie die erotischen Eskapaden ihres verstorbenen Ehemannes mit der weiblichen Dienerschaft, „und nun gar im eigenen Haus", andeutet, beleuchtet Fontane die doppelbödigen Moralvorstellungen der bürgerlichen Gesellschaft. Was die „Herren der Schöpfung" auch immer treiben, es wird mit Augenzwinkern als lässliche Sünde angesehen. Verhältnisse mit Angehörigen der Unterschicht werden toleriert und niemand findet etwas dabei, ein Mädchen aus dem Volke zu „entehren".
Mitten in dieses Gespräch hinein trifft Effi mit erbarmungsloser Wucht die Rache der Gesellschaft, vertreten durch den Ehemann und die Eltern. Was einem Mann ohne großes Aufheben nachgesehen wird, ist bei einer Frau, auch wenn der Vorfall bereits Jahre zurückliegt, unverzeihlich.

31. Kapitel
Effi liest den Brief zu Ende und erfährt, dass HohenCremmen ihr für immer verschlossen bleiben wird. Noch am selben Abend reist sie nach Berlin zurück.

Mit Fassung überdenkt Effi die neue Situation, vor die sie mit einem Schlag gestellt wurde: keine Rückkehr zu ihrer Familie, Scheidung, Trennung von ihrem Kind. Was vor Jahren geschehen war, hatte stets auf ihrer Seele gelegen. Die Auflösung der Ehe mit dem ihr innerlich fremden, ungeliebten Innstetten ist ihr kein unerträglicher Gedanke und ihre Mädchenträume vom glanzvollen Leben an der Seite eines erfolgreichen Mannes haben schon lange an Reiz verloren. Am härtesten trifft sie der radikale Bruch mit dem Elternhaus. Das Paradiesgärtlein ihrer Kindheit, HohenCremmen, soll ihr für immer verschlossen bleiben. Die Mutter will durch die Verstoßung ihres eigenen Kindes „Farbe bekennen" und „unsere Verurteilung Deines Tuns" aussprechen.

Die lebenskluge Geheimrätin findet es unglaublich, kompromittierende Briefe aufzubewahren. Wozu gibt es Öfen und Kamine? Am 24. April 1896 schrieb Fontane an Herrmann Wichmann zu diesem Thema: „Ja, die nicht verbrannten Briefe in 'Effi'! Unwahrscheinlich ist es gar nicht. Dergleichen kommt immerzu vor. Die Menschen können sich nicht trennen von dem, woran ihre Schuld haftet. Unwahrscheinlich ist es nicht, aber es ist leider trivial. Das habe ich von allem Anfang an sehr stark empfunden, und ich hatte eine Menge anderer Entdeckungen in Vorrat. Aber ich habe nichts davon benutzt, weil alles wenig natürlich war, und das gesucht wirkende ist noch schlimmer als das Triviale. So wählte ich von zwei Übeln das kleinere."

Das Motiv der aufbewahrten Liebesbriefe, die im Kamin verbrannt zu werden verdienen, taucht auch in „Irrungen, Wirrungen" auf. Kurz bevor die Ehefrau aus der Kur zurückkehrt, vernichtet Rienäcker das alte Bündel, das ihn an seine Jugendliebe band.

32. Kapitel

Effi lebte nach der Scheidung jahrelang allein und verlassen in Berlin; nur Roswitha hielt ihr die Treue. Nachdem es fast zu einer Begegnung mit ihrem Kind gekommen wäre, bittet sie die Ministerin, Innstetten zu bewegen, dass er die Erlaubnis zu einem Wiedersehen gibt.

Die erste Zeit fand Effi Unterkunft in einer Berliner Pension, dann mietete sie eine kleine Wohnung. Roswitha hielt ihrer Herrin die Treue und zog zu ihr. Effi erfährt, dass Innstetten nach wenigen Wochen Festungshaft vom alten Kaiser begnadigt wurde.

Völlig zurückgezogen und in totaler gesellschaftlicher Isolation verbringt Effi „ihre besten Jahre" mit Handarbeiten, KlavierSpielen und PatienceLegen. Gern hätte sie sich nützlich gemacht, zum Beispiel in einem Verein, wo junge Mädchen in der Hauswirtschaft oder als Kindergärtnerin ausgebildet werden. Doch als schuldig geschiedene Frau ist sie aus der Gesellschaft ausgestoßen und es bleibt ihr verwehrt, in einem Beruf sich selbst zu verwirklichen. Später entschließt sie sich, Malerin zu werden und nimmt bei einem alten Malprofessor Unterricht, obgleich sie wusste, dass sie nie über die unterste Stufe des Dilettantismus hinauskommen würde. So vergehen die Jahre. Mitunter erfasst sie eine leidenschaftliche Sehnsucht nach HohenCremmen, und heftig sehnt sie sich nach ihrem Kind. Einmal hatte sie Anni kurz in der Pferdebahn gesehen. Sie entschließt sich, die Ministerin um Vermittlung zu bitten, damit Innstetten ihr gelegentliche Begegnungen mit ihrem Kind gestattet. Die Ministerin verspricht, ein gutes Wort einzulegen.

33. Kapitel
Effi sieht ihr Kind wieder. Die Begegnung wird jedoch zu einer Enttäuschung, die sie auf das heftigste erschüttert.

Die Ministerin hatte Erfolg und Effi durfte ihr Kind wieder sehen. Doch sie muss erkennen, dass es ihr völlig entfremdet war. Schon bald wollte es wieder gehen, und als es zum dritten Mal die von Innstetten eingetrichterte, stereotype Antwort gab: „ O gewiss, wenn ich darf", ist für Effi das Maß voll. Kurz entschlossen entlässt sie Anni. In tiefer Verzweiflung greift sie zu Bibel und Gesangbuch, und halblaut spricht sie vor sich hin: o du Gott im Himmel ... ich will meine Schuld nicht kleiner machen, ... aber das ist zu viel ... er ist klein. Und weil er klein ist, ist er grausam. Das hat er dem Kind beigebracht, ein Schulmeister war er immer ... und dann hat er den armen Kerl totgeschossen, den ich nicht einmal liebte ... Mich ekelt, was ich getan; aber was mich noch mehr ekelt, das ist eure Tugend. Weg mit euch. Ich muss leben, aber ewig wird es ja wohl nicht dauern."
Effi hatte sich mit ihrem Schicksal scheinbar längst abgefunden, das nach Innstettens simpler Formel hieß: „Was man empfängt, hat man auch verdient". Auf die letzte Erschütterung, die Feststellung, dass man ihr das Kind nicht nur physisch genommen, sondern auch seelisch entfremdet hatte, reagiert sie mit einem heftigen Zornesausbruch. Dieses „Weg mit euch" kann nur eine Deutung finden: sie ist fertig mit der Welt der Innstettens, mit der

Kaste der preußischen Junker und Beamten, mit ihrer moralischen und geistigen Öde, ihrem fragwürdigen Ehren und Verhaltenskodex, in dem Liebe durch glatte Liebenswürdigkeit und menschliches Gefühl durch gute Manieren ersetzt würden. Ihre ganze antiquierte Lebensweise erfüllt sie mit Ekel.

34. Kapitel
Effi kehrt, nachdem ihr Arzt die alten Briests nachdrücklich auf ihre Elternpflicht hingewiesen hat, nach HohenCremmen zurück.

Auf die Mahnung Dr. Rummschüttels, dass sofort etwas mit Effi geschehen müsse und HohenCremmen die beste Medizin sei, ist der alte Briest sofort bereit, die Tochter im Elternhaus wieder aufzunehmen soll ich hier bis an mein Lebensende den Großinquisitor spielen? Ich kann dir sagen, ich habe es langsam satt." – Die Mutter, die sich stärker als der Vater den gesellschaftlichen Konventionen verpflichtet fühlt, verweist zunächst auf Katechismus und Moral, wird aber von ihrem Mann umgestimmt: „die 'Gesellschaft', wenn sie nur will, kann auch ein Auge zudrücken."
Der alte Briest telegrafiert: „Effi komm."
In dem Brief an seinen Verleger vom 2. 3. 1895 weist Fontane darauf hin, dass dieser Ruf der spielenden Mädchen durch das Weinlaub in den Saal hinein, in dem Effi Innstetten vorgeführt wurde, ihn bewogen habe, den Roman zu schreiben. – Es ist eine zugleich einfache und feine künstlerische Idee, den alten Briest diesen Ausruf an dieser Stelle wiederholen zu lassen.

35. Kapitel
Effi erkrankt von neuem und Roswitha bittet Innstetten, Effi den Hund Rollo zu überlassen.

HohenCremmen – das Elternhaus, der Park und das umgebende Luch – ist der einzige Ort auf Erden, nach dem sie sich vor Sehnsucht fast verzehrt hat und an dem sie sich geborgen fühlen kann. So lange sie noch leben muss („ewig wird es ja wohl nicht dauern", Ende 33. Kapitel), will sie nicht mehr weg von hier und hier will sie auch begraben werden.
Wüllersdorf, aufgefordert Roswithas Brief zu lesen, erkennt die moralische Überlegenheit dieser einfachen Frau an: „Ja, die ist

uns über". Dieses Eingeständnis ist ein sicheres Indiz, dass Fontane die moralische Überlegenheit der einfachen Menschen deutlich machen will, die auch in den plebejischen Figuren der Witwe Pittelkow und der Lene Nimptsch („Stine" und „Irrungen, Wirrungen") zum Ausdruck kommt. Im Jahre des Erscheinens von „Effi Briest" äußert sich Fontane in einem Brief an seine Tochter Mete: „Die Menschheit fängt nicht beim Baron an, sondern nach unten zu, beim vierten Stand; die drei andern können sich begraben lassen ... Die Gesellschaft ist ein Scheusal."

36. Kapitel

Die letzten Monate vor Effis Tod.
Das letzte Gespräch des alten Briest an ihrem Grab.

Effis letzte große Freude war, ihren Hund Rollo wieder bei sich zu haben.
Als der Sommer zu Ende ging, saß sie oft bis nach Mitternacht am offenen Fenster und sah den Sternschnuppen zu. Die Sehnsucht nach der himmlischen Heimat hatte von ihr Besitz ergriffen und sie tröstet ihre Mutter: „es hat nicht viel zu bedeuten, wenn man von der Tafel etwas früher abgerufen wird." Angesichts des nahenden Todes bescheinigt sie Innstetten, in allem recht gehandelt zu haben. „Denn er hatte viel Gutes in seiner Natur und war so edel, wie jemand sein kann, der ohne rechte Liebe ist."
Das letzte Gespräch der alten Briests kreist um die Frage, was sie mit Effi falsch gemacht hatten. Die Mutter meint, man hätte sie „anders in Zucht nehmen müssen"; aus diesen Worten spricht der Geist des alten Preußen. Doch sie ist auch bereit, eigene Schuld einzugestehen: „ob sie nicht doch vielleicht zu jung war?" Der alte Briest weiß, daß eine endgültige Antwort niemand geben kann: „Ach, Luise, das ... das ist ein weites Feld."

4.3 Figurencharakteristik

Effi Briest

Zahlreiche in die Romanhandlung eingeflochtene Bemerkungen des Autors, die Dialoge der Eltern sowie Effis eigene Gedanken und Bemerkungen lassen ein reich differenziertes Charakterbild der Titelheldin entstehen.

Ihre Lebensgrundstimmung wandelt sich unter der drückenden Last ihres Lebensschicksals. Sie war ein heiteres Mädchen, bis sie aus ihrer HohenCremmer Jugendidylle herausgerissen wurde. „Die Heiterkeit ist – phänomenologisch betrachtet – immer ausgezeichnet durch das Erlebnis einer inneren Heiterkeit, die auch auf die Umwelt ausstrahlt und ihr einen eigentümlichen Glanz verleiht ... Wir sprechen ferner davon, dass das Gesicht eines Menschen sich aufhelle, und meinen damit die Wandlung seiner Stimmung aus dem FinsterUnfrohen in die Helle der Heiterkeit. Neben dem Zug des Sonnigen, der Lichthaftigkeit ist es noch derjenige des inneren Auftriebs, der 'Gehobenheit', der Leichtigkeit und Befreitheit, der dem Erlebnis der Heiterkeit wesenhaft zugehört ... Schließlich ist für die Heiterkeit, wie schon oben erwähnt, ein bestimmtes Verhältnis zur Zeit wesenseigentümlich: der Blick der Heiterkeit ist voll eingetaucht in das Auge der Gegenwart, es fehlt ihr die Beunruhigung um eine noch nicht enthüllte Zukunft, sie ist gelassen." In dieser Passage von Philipp Lerschs „Der Aufbau des Charakters"[25]) werden wesentliche Züge der noch kindlichen Effi deutlich. Es geht von ihrer äußeren Erscheinung, ihrem Auftreten und ihrem Wesen etwas aus, das in der Hell-Dunkel-Begriffssymbolik als lichtvoll, strahlend und sonnig bezeichnet wird. Ihr Unbeschwertsein kommt in ihrer Bewegungsfreude, dem „Drang nach oben", der Lust am Klettern und Schaukeln, zum Ausdruck. Ihre heitere Gelassenheit, ihre Sorglosigkeit wird von Instetten später mit einem negativen Vorzeichen versehen und als „Leichtsinn" gerügt. Nach und nach verliert Effi ihre Heiterkeit; unter dem Druck der Leere und Langeweile einer Konventionsehe verdüstert sich ihr Wesen. Der Bedrückung versucht sie zu entfliehen, indem sie bei der Schlittenfahrt auf das Schutzleder verzichtet: „,... wenn ich hinausflöge, mir wäre es recht, am liebsten gleich in die Bran-

---

[25] Philipp Lersch. Der Aufbau des Charakters. S. 43

dung." Es kommt der Augenblick, in dem sich Effis Leben mit einem Schlag verändert. „Bis dahin waren Luft und Licht um sie her gewesen, aber jetzt war es damit vorbei und die dunklen Kronen wölbten sich über ihr. Ein Zittern überkam sie... ". Nun lernen wir eine ganz andere Effi kennen. Die Heiterkeit und Leichtigkeit ihres Wesens weicht immer mehr der Schwermut und der Trübsal, es wird dunkel um sie und in ihr. Ihre Grundstimmung ist nun Niedergeschlagenheit und Trauer. Die Schuld lastet schwer auf ihr und sie vermag sich nicht von ihr zu befreien. Nur für kurze Augenblicke kann sie das Geschehen vergessen, wenn sie sich in HohenCremmen auf ihrer geliebten Schaukel in die Höhe schwingt.

Verflogen ist auch Effis heitere Gelassenheit. Angst und Furcht breiten sich aus und resignierend erkennt sie, dass sie ohne Möglichkeiten und ohne Zukunft weiterleben muss. Ihre Lebensaussichten sind „düster", und am Ende steht die totale Finsternis – der Tod. Ihm sieht sie mit Fassung, einer Art von höherer Gelassenheit, entgegen. Diese Gelassenheit ist nicht mehr die unbefangene Stimmung eines jungen Menschen, sondern die der Hoffnungslosigkeit und des Alters, das mit dem Leben abgeschlossen hat.

Effis seelische Größe erweist sich, indem sie Frieden macht mit allen, die ihr weh getan und ihre Jugend, ihre Hoffnungen und ihr Leben vernichtet haben.

Innstetten
Der Roman enthält eine ganze Reihe von Äußerungen, die Innstettens vortrefflichen Charakter hervorheben. Er wird vom alten Briest als „famoses Menschenexemplar von Charakter und Schneid" gelobt, und Fontane bemerkt in einem Brief an Clara Kynast: „Ja, Effi! Alle Leute sympathisieren mit ihr, und einige gehen soweit, im Gegenteil dazu den Mann als einen „alten Ekel" zu bezeichnen. Das amüsiert mich natürlich, gibt mir aber zu denken, weil es wieder beweist, wie wenig den Menschen an der so genannten `Moral` liegt und wie die liebenswürdigen Naturen dem Menschenherzen sympathischer sind ... Eigentlich ist er (Innstetten) doch in jedem Anbetracht ein ganz ausgezeichnetes Menschenexemplar, dem es an dem, was man lieben muss, durchaus nicht fehlt. Aber sonderbar, alle

korrekten Leute werden schon um ihrer bloßen Korrektheit willen mit Misstrauen, oft mit Abneigung betrachtet."[26]

In ihrer letzten zornigen Anwandlung schilt Effi Innstetten einen Schulmeister und Streber. Lersch hält es für unwahrscheinlich, dass ehrgeiziges Strebertum und Mitleidsfähigkeit in einem Charakter zu koexistieren vermögen. Im Gegenteil, „Strebertum und Hartherzigkeit sind im Hinblick auf ihr Vorkommen in einem Charakter miteinander wesensverwandt oder 'affin'. Umgekehrt sind Strebertum und Mitleidsfähigkeit einander charakterologisch wesensgegensätzlich oder 'diffug'"[27]

Sowohl Innstetten als auch Effi werden im Roman als „ehrgeizig" geschildert. Bei der Verschiedenheit beider Charaktere ist damit noch wenig ausgesagt, denn es kommt charakterologisch auf die Stellung des Ehrgeizes im Ganzen der Person an."[28] Bei Innstetten handelt es sich dabei um ein zentrales, den Charakter strukturierendes Prinzip. Bei Effi ist der Ehrgeiz eine periphere Eigenschaft, und er bezieht sich auch nicht darauf, durch eigene Leistungen den Geltungswert ihrer Person zu erhöhen. Im Gegensatz zu Effi ruft Innstettens Charakter nicht die Vorstellung von Helligkeit hervor; er besitzt kein „sonniges Wesen". Ihn stellt man sich am besten im schwarzen Gehrock und mit Zylinder vor. Dem entspricht auch die Verdrossenheit und Humorlosigkeit, die Rechthaberei und Ehrpusseligkeit seiner schulmeisterhaften Psyche.

Innstettens Selbstwertgefühl ist ständisch geprägt. „Eine dritte Art des Selbstwertgefühls ist das aristokratische. Sein wesentliches Merkmal liegt darin, dass es sich immer mit einem eigenartigen Pathos der Vornehmheit gibt ... Der Hintergrund dieses Pathos der Vornehmheit ist das Bewusstsein einer besonderen Qualität, eines besonders wertvollen Stoffes der Persönlichkeit. Es ist für das aristokratische Selbstwertgefühl keineswegs notwendig, dass es sich stützt und beruft auf Fähigkeiten zu besonderen Leistungen und Werken ... Dies kommt unter anderem zum Ausdruck in der typisch aristokratischen Gelassenheit und Würde, die keine raschen Bewegungen und keine Hastigkeiten dulden, gleichsam als wollten sie die Überzeugung zu

---

26) Brief vom 27. Oktober 1885
27) Philipp Lersch, a. a. O., S. 18
28) ebenda, S. 21

erkennen geben, dass für ihn, den Menschen des aristokratischen Selbstwertgefühls, nichts existiere, was ihn besonders zu aktivieren vermöchte, dass es nichts gebe an Möglichkeiten des Eigenwertes, was noch ungetan, unerreicht und deshalb noch anzustreben wäre." [29]

Innstetten geht die Mitleidsfähigkeit, die innere Ergriffenheit des Mitfühlens ab. Deshalb ist er nicht naturnotwendig rücksichtslos, eine Eigenschaft, die mit der Gemütslosigkeit, Kälte und Hartherzigkeit oft einhergeht. Er gehört zu denjenigen gefühlskalten Menschen, die ihren Mitmenschen dennoch rücksichtsvoll und nicht übelwollend gegenüberstehen. Sie handeln nach dem Regulativ des Gewissens, nach den Grundsätzen von Pflichtgefühl und Gerechtigkeit; sie sind nicht herzlich, aber korrekt. Sie ersetzen „Liebe durch Liebenswürdigkeit, Ehre durch Ehrenhaftigkeit und Gefühl durch gute Manieren." [30]

Crampas

Gegenspieler des „Prinzipienreiters" Innstetten ist der „Prinzipienverächter" Crampas. Obwohl „unter der Fahne der Disziplin groß geworden", ist er in Innstettens Augen kein Edelmann. Er hat sein Dasein nicht unter die ideellen Forderungen der Pflichterfüllung gestellt, er ist kein Pflichtmensch, wie ihn Karl Jaspers beschreibt: „Der Pflichtmensch ist asketisch, weil er Misstrauen gegen alle Neigungen hat, die ihm bloß individuell, daher willkürlich und zufällig sind. Er strebt nach Grundsätzen und deutlichen, allgemein gültigen ethischen Imperativen unter Ablehnung von Genuss, Freude, Heiterkeit, dem Ziele voller Allgemeingültigkeit ... zu. Er ist streng, regelmäßig, konsequent, diszipliniert ... Er löscht aus, was persönlich ist, um ein Exemplar der allgemeinen menschlichen Persönlichkeit zu werden." [31]

Crampas ist ein Mensch der Begierden und der Leidenschaften; infolge eines Mangels an Selbstbeherrschung und Selbstdisziplin ist er nicht fähig zur autonomen Selbststeuerung. Er gleicht dem steuerlosen Boot, das von den Wellen getrieben wird und in der Brandung zerschellt. Nicht dass er Stimmungen, Gefühle, Triebe und Begierden hat, ist für ihn charakteristisch, sondern

---

[29] ebenda, S. 69

[30] Gottfried Erler in einem Nachwort zu „Effi Briest". Berlin 1985, S. 301

[31] Karl Jaspers. Psychologie der Weltanschauungen. Berlin 1922, S. 105

dass der Wille keine organisierende und regulierende Funktion in seinem Leben ausübt. „Den endothymen Vorgängen der Stimmungen und Antriebe ... auf der Seite des Oberbaus das Gegengewicht des leitenden bzw. hemmenden Willens."[32])

Nachdem Crampas Effi „erobert" hatte, zeigt sich, dass seine Liebe nicht echt war. Effi drängt zur gemeinsamen Flucht, aber Crampas erinnert an seine Pflicht als Ehemann. Schließlich ist er erleichtert, dass Effi das Verhältnis aus Anlass des Umzuges nach Berlin beendet. Sein Erlebnishunger drängte ihn in das Verhältnis zu Effi, doch seine Erlebnisimpotenz, seine innere Leere und Substanzlosigkeit, sein geringer seelischer Tiefgang machten ihm eine echte Liebesempfindung unmöglich.

Die gesellschaftlichen Gegensätze spiegeln sich auch in der Dienerschaft des landrätlichen Hauses wieder. Johanna, illegitimes Kind eines adligen Offiziers, war von einem starken Überlegenheitsgefühl gegenüber dem Kindermädchen Roswitha und ihrer plebejischer Herkunft erfüllt. Roswitha, eine schlichte, einfältige Frau, stand opferbereit und treu ihrer Herrin in den Jahren der Bedrängnis und Einsamkeit zur Seite.

Johanna war nach der Scheidung in Instettens Haushalt geblieben. Ihr anmaßendes „SichinSzenesetzen" machte ihm am Ende angst und bange, während er die moralische Überlegenheit Roswithas („die ist über uns"), der Vertreterin des vierten Standes im Roman, die Anerkennung nicht versagen konnte.

---

[32] Philipp Lersch, a. a. O., S. 227

4.4. Wort, Personen und Sacherläuterungen

1. Kapitel

Kurfürst Georg Wilhelm: Kurfürst v. Brandenburg, 1620-1640.

Canna indica: Tropisches Staudengewächs, seit dem 17. Jahrhundert in Europa heimisch. (lat.)

bei den Rathenowern: Offiziere des Rathenower Husaren Regimentes (Ziethenhusaren).

Aloe: Gattung der Liliengewächse mit fleischigen Blättern, aus Süd- und Ostafrika stammend.

Cour machen: den Hof machen, schmeicheln (a. d. Französischen.).

Mining und Lining: Zwillingspaar aus Reuters „Ut mine Stromtid" (1862/64).

Fritz Reuter: Mecklenburger Dichter (1810-1874).

lymphatisch: blass, kränklich, skrofulös (a. d. Lateinischen).

... als erwarte sie jeden Augenblick den Engel Gabriel: Nach LukasEvangelium, Kap. 1 verkündete der Engel Gabriel der Maria, sie sei von Gott auserwählt, Mutter des „Heilands" zu werden.

Schlusen: Schalen von Obst und Gemüse (niederdeutsch).

das vierte Gebot: Du sollst dir kein Bildnis noch irgendein Gleichnis machen ... (2. Mose 19, 20).

Ritterschaftsrat: Ehrenbeamter der „Ritterschaft", der Vertretung der adeligen Gutsbesitzer in den preußischen Provinziallandtagen.

der siebziger Krieg: Der DeutschFranzösische Krieg 1870/71.

bei den Perlebergern: In Perlenberg lagen drei Eskadronen des Ulanenregimentes Nr. 11.

das Kreuz: Das Eiserne Kreuz, preußische Kriegsauszeichnung, von FriedrichWilhelm III. 1813 gestiftet, von Wilhelm I. 1870 erneuert und in zwei Klassen verliehen.

der Kaiser: Wilhelm I. (1797 bis 1888), deutscher Kaiser von 1871 bis 1888.

Bismarck: Fürst Otto von Bismarck (1815 bis 1898), deutscher Reichskanzler von 1871 bis 1890.

2. Kapitel
Midshipman: (engl.) Fähnrich zur See, Seekadett.
Bonhomie: (franz.) Gutmütigkeit, Biederkeit.

3. Kapitel
jovial: heiter, leutselig (a. d. Lateinischen).
proponieren: vorschlagen (a. d. Lateinischen).
perorieren: weitschweifig und eindringlich erzählen (a. d. Lateinischen).
Trousseau: (franz.) Aussteuer, Ausstattung.
Mesquinerien: Kleinlichkeiten (a. d. Französischen).
Table d'hóte: (franz.) Gemeinschaftliche Hoteltafel, üblich vor dem 1. Weltkrieg.
Spinn und Mencke: Renommiertes Möbelgeschäft, königl. Hoflieferant.
Goschenhofer: Goschenhofer & Roesicke, bekanntes Wäschegeschäft, königl. Hoflieferant.
Alexanderregiment: Das Gardegrenadierregiment Nr. 1 erhielt in den Befreiungskriegen den Namen des Zaren Alexander 1. von Russland (1801 1825).
Fliegende Blätter: Humoristisches illustriertes Wochenblatt, das seit 1844 in München im Verlag von Braun & Schneider erschien.
Kranzler: Bekannte Konditorei Unter den Linden, Ecke Friedrichstraße. Treffpunkt der Berliner Gesellschaft der Vorkriegszeit.
Zu statthafter Zeit ... im Café Bauer: Nachmittags und abends war das Café Bauer, dem Café Kranzler gegenüber gelegen, Treffpunkt der Berliner Halbwelt.
Insel der Seligen: „Die Gefilde der Seligen" (1878); Gemälde von Arnold Böcklin (1827 bis 1901), das zu seiner Zeit wegen der Darstellung nackter Nymphen einen Sturm der Entrüstung hervorrief. Fontane fand es „noch langweiliger als den Potsdamerstraßen-Alltagszustand." (An Tochter Martha am 25. 6. 1889).
chaperonieren: den Anstandswächter spielen, beschützen (aus dem Französischen).
Prinzessin Friedrich Karl: Gemahlin des Prinzen Friedrich Karl, geb. Maria Anna von Anhalt (1837 bis 1906). Fontane

gehörte zeitweilig zu dem Kreis, den der Prinz in Schloß Dreilinden um sich versammelte.

Demuth: Luxusgeschäft für Lederwaren, königl. Hoflieferant.

4. Kapitel

Gardepli: (franz.) Gardehaltung, hier: Schneid.

Cortege: Begleitung, Gefolge (a. d. Französischen).

Spät kommt ihr, doch ihr kommt: Zitat aus Schillers „Piccolomini", 1. Akt, 1. Auftritt.

Käthchen von Heilbronn in der Hollunderbaumszene: 2. Szene des 4. Aktes in Heinrich von Kleists (1777 bis 1811) Schauspiel „Das Käthchen von Heilbronn"; die Dramenheldin spricht hier im Schlaf.

Patronatsherr: Kirchenpatron, Gutsherr, dem die Besetzung der Kirchenämter, bzw. das Vorschlagsrecht für deren Besetzung zustand.

verkappter Hohenzoller: Anspielung auf den Dramatiker Ernst von Wildenbruch (1845 bis 1909), Urenkel des Prinzen Louis Ferdinand von Preußen.

Aschenbrödel: Lustspiel von Julius Roderich Benedix (1811 bis 1873), den Fontane wegen seiner Lebens und Theaterkenntnis sehr schätzte. (Sh. Theaterkritik v. 5. 3. 1872).

Petersburg: Name der Residenzstadt der russischen Zaren, 1914 umbenannt in Petrograd, in der Sowjetunion Leningrad.

Archangel: Archangelsk, nordrussische Hafenstadt am rechten Ufer der Dwina, die in das Weiße Meer mündet.

Sedantag: Jahrestag der französischen Kapitulation (2. Sept. 1870), sowie der Gefangennahme Napoleons III. und der französischen Armee. In Deutschland Feiertag bis 1918.

Lot: Lot, der nach dem Tod seiner Frau in eine Höhle geflohen war, zeugte mit seinen beiden Töchtern Söhne (1. Buch Mose, Kap. 19, Vers 3038).

der alte Kaiser: Kaiser Wilhelm I. (17971888), sh. Anmerkung 1. Kapitel.

Piazetta: Kleiner Platz (in Venedig). Lido: Strandbad in Venedig.

Murano: Vorstadt von Venedig, auf einer Laguneninsel erbaut. (Fontane hatte im Oktober 1874 Venedig besucht).

5. Kapitel
Hövel: Berliner Schokoladenfabrik und elegantes Süßwarengeschäft Unter den Linden.
Hospitalist: Armenhäusler.
Kögel: Rudolf Kögel (1829 bis 1896), Generalsuperintendant der Kurmark, seit 1880 Oberhofprediger am Dom zu Berlin.
Walhalla: Von König Ludwig 1. von Bayern nach Entwürfen von Klenze 1830 42 bei Regensburg erbaute marmorne Ruhmeshalle mit Büsten berühmter Deutscher.
Kanevas: Gitterartiges Gewebe, Untergrund für Stickereien.
Pinakothek: Mit Bildern geschmückter Raum in den Propyläen in Athen, bei den Römern Raum mit Gemälden. Hier Gemäldesammlung in München.
nach dem anderen ...: Gemeint ist wahrscheinlich die Glyptothek, die Skulpturensammlung in München.
Palladio: Andreas Palladio (1518 bis 1580), italienischer Architekt, der den antiken Stil weiterzuentwickeln suchte.
Er liegt in Padua begraben: Zitat aus Goethes Faust, 1. Teil, Der Nachbarin Haus, Vers 2925.

6. Kapitel
St. Privat-Panorama: Panoramagemälde von Emil Hünten (1827 bis 1902) das die Schlacht bei St. Privat (18. August 1870) darstellte. (Dorf bei Metz, das von preußischer Garde und Sachsen erstürmt wurde).
Phoenix: Vogel der orientalischen Sage, der sich selbst verbrannte und verjüngt aus der Asche wiederauferstand.
Varzin: Hinterpommersche Besitzung Bismarcks, die er nach dem gewonnenen Preußisch-Österreichischen Krieg mit einer Dotation des Königs Wilhelm I. erworben hatte.
Starost: Polnischer Dorfältester.
Varziner Herrschaften: Familie von Bismarck.
Wahlmache: Mittelsmann für die Wahlagitation unter der ungebildeten Landbevölkerung der preußischen Agrarprovinzen.
Kaschuben: Slawischer Volksstamm in Hinterpommern.
Mac Pherson, einem richtigen Schotten und Hochländer: Sh. „Meine Kinderjahre", 6. Kap. „Halbe Stunden sah ich, wenn ich konnte, der Arbeit des englischen Baggers zu, dessen Ingenieur, ein alter Schotte namens Mc Donald...".

Walter Scott: Schottischer Schriftsteller (1771 bis 1832), dessen Romane Fontane sehr schätzte.

General de Meza: Christian Julius de Meza (1792 bis 1865), dänischer General und Oberbefehlshaber der dänischen Truppen im Krieg gegen Preußen und Österreich. 1864 abgesetzt, da er das Danewerk geräumt hatte.

Hekla: Tätiger Vulkan im südwestlichen Island, 1557m hoch.

Krabla: Krabla, Berg im Nordosten Islands mit dem 1724 entstandenen Explosionskrater Viti.

Schwarzflaggen: Bis ins 19. Jahrhundert Flagge der Piraten.

Normannenherzog Rollo: (Hrolf) Der erste Herzog der Normandie, aus Norwegen stammend, erlangte von Karl dem Einfältigen von Frankreich 911 die Abtretung eines Landstriches in der westlichen Normandie, nahm als Christ den Namen Robert an, gest. 931.

Plantage: Sh. „Meine Kinderjahre", 18. Kap. (... ein Wäldchen, das die Plantage hieß ...).

Astrallampe: Lampe mit Ölbehälter und Docht.

ein riesiger Fisch in der Luft: Sh. „Meine Kinderjahre", 4. Kap., Titel „Unser Haus, wie wir es vorfanden"; „... ein getrockneter Bratfisch von der Decke herabhing ...".

7. Kapitel

Alkoven: Nischenartiges Nebengemach ohne direktes Licht. (Aus dem Arabischen).

Trumeau: Stehspiegel (aus dem Französischen).

Pendule: (franz.) Pendeluhr.

Rafraichisseur: (franz.) Parfümzerstäuber.

Zylinderbüro: Altertümlicher Schreibtisch mit Rollverschluss.

Bottegone: International bekanntes Café in Florenz.

Wrangel: Friedrich Heinrich Ernst Graf von Wrangel (1784 bis 1877), preußischer Generalfeldmarschall, der 1849 in Berlin die alte Ordnung wieder herstellte. 1864 Oberbefehlshaber der preußisch-österreichischen Truppen im Dänischen Krieg.

Parderfelle: Pantherfelle.

In der Nähe haben wir ein paar Adlige ...: Sh. „Meine Kinderjahre", 6. Kap.: „... ein paar von Adel aus der Umgebung kamen des weiteren hinzu".

Liktoren: altrömische Amtsdiener, die den Konsuln und ande-

ren hohen Magistratsbeamten Rutenbündel als Zeichen der Staatsgewalt und zum sofortigen Strafvollzug vorantrugen.
Brutus: Lucius Junius Brutus, um 510 v. Chr., soll der Sage nach führend an der Vertreibung der Tarquinier beteiligt gewesen sein, einer der ersten römischen Konsuln.

8. Kapitel
Preziosa-Name: Preciose, romantische Oper von KarlMaria von Weber (1786 bis 1826).
Exterieur: (franz.) Äußeres, Aussehen.
Fehrbelliner Schlacht: In der Schlacht bei Fehrbellin siegte der große Kurfürst, Friedrich-Wilhelm von Brandenburg am 28. Juni 1675 über die Schweden.
Überfall von Rathenow: Die Brandenburger überfielen bei Rathenow am 25. Juni 1675 die Schweden.
Froben: Emanuel von Froben soll als Stallmeister sein Pferd mit dem besonders auffälligen Schimmel des Kurfürsten getauscht und ihm das Leben gerettet haben; bald darauf gefallen. Fontane hielt an dieser Legende, deren Wahrheit nicht nachweisbar ist, fest: „Das Volk wird sich seinen ‚Klinke' ebenso wenig nehmen lassen wie seinen Froben!" („Der Schleswig-Holsteinische Krieg im Jahre 1864")
Luther sagte 'hier stehe ich': Martin Luther wurde 1521 auf dem Reichstag zu Worms zum Widerruf seiner Schriften aufgefordert. Er antwortete: „Hier steh ich. Ich kann nicht anders. Gott helfe mir, Amen"
Cid ...: Aus dem arabischen cid, Herr.
Campeador: (span.) Kämpfer. Beinamen des Nationalhelden Spaniens Ruy Diaz de Vivar (gest. 1099) aus den Befreiungskämpfen gegen die Mauren.

9. Kapitel
die Kronprinzessin: Viktoria (1840 bis 1909), Tochter der Königin Viktoria von England, später „Kaiserin Friedrich".
Deismus: Religiös-philosophische Anschauung, dass Gott Schöpfer der Welt ist, aber in das Weltgeschehen nicht eingreifen könne. In der Aufklärung entstanden und von der orthodoxen Richtung heftig bekämpft.
Insolenz: Anmaßung, Unverschämtheit.

ein zweiter Dezember ... Louis und Napoleons Neffe ...: Louis Napoleon (1808 bis 1873), französischer Kaiser, riss am 2. 12. 1851 mit einem blutigen Staatsstreich die Macht an sich. Sein Vater war Louis Bonaparte, ein Bruder Napoleons I.

Held und Eroberer von Saarbrücken: Französische Truppen besetzten in Anwesenheit Napoleons III. am 2.8.1870 vorübergehend Saarbrücken.

Wachs in den Händen seiner katholischen Frau: Die französische Kaiserin Eugenie (1826 bis 1920), eine spanische Gräfin de Montijo y Teba, suchte die weltliche und geistliche Macht des Papstes zu stärken.

der jüdische Bankier: Baron Alfons de Rothschild (1827 bis 1905).

Café chantant: (franz.) Musikcafe, Tingeltangel.

Babel: Babylon, in der Offenbarung des Johannes, Kap. 17, als „die große Hure, die an vielen Wassern sitzt", und „Mutter der Buhlerinnen und aller Greuel auf Erden" bezeichnet.

Nobiling: Der Anarchist Dr. Karl Eduard Nobeling (1848 bis 1878), verübte am 2. Juni 1878 ein Attentat auf Kaiser Wilhelm 1. Brachte sich selbst eine Wunde bei, an der er drei Monate später starb. Bismarck setzte daraufhin das Sozialistengesetz durch.

Ressource: Klub, geschlossene Gesellschaft. (Vergl. „Meine Kinderjahre", 6. Kap.: Swinemünder „Gesellschaft", etwa 20 Familien, die sich im Olthoffschen Saal versammelte.)

Wiedereroberung von Le Bourget: Heftig umkämpfter Ort im Nordosten von Paris (heute Flughafen), von deutschen Truppen am 30.10.1870 wiedererobert.

Boston: Kartenspiel, aus der Zeit des nordamerikanischen Freiheitskampfes stammend.

... von Versaille her: Hauptquartier der deutschen Truppen im deutschfranzösischen Krieg, Ort der Kaiserproklamation am 18.1.1871.

Graditzer: Pferde aus dem preußischen Hauptgestüt Graditz bei Torgau.

Eremitage: Einsiedelei, auch Name besonderer Baulichkeiten (Wohnhaus Rousseaus in Montmorency, Kunstsammlung in St. Petersburg).

die Gräfin von Orlamünde: Agnes, Gräfin von Orlamünde, aus dem Geschlecht der Herzöge von Meran, soll nach dem Tode ihres Mannes Otto von Orlamünde (1293) ihre beiden Kinder umgebracht haben, die sie als hinderlich für die Verheiratung mit Albrecht, Burggrafen von Nürnberg, ansah. Der Sage nach erschien sie als „welße Frau" vor verhängnisvollen Familienereignissen in hohenzollernschen Schlössern.

maudit cháteau: (franz.) Verwünschtes Schloß.

Kellergewölbe, wo der Teufel auf einem Weinfass davon geritten ist: „Auerbachs Keller" in Leipzig. Vgl. Goethes „Faust", 1. Teil.

dusig: verwirrt, still.

Julia Capulet: Heldin in Shakespeares „Romeo und Julia"; das Stück spielt in Verona.

10. Kapitel

Konventikler: Angehöriger einer religiösen Gemeinschaft, die sich von der Kirche abgesondert hatte.

Viardot: Pauline ViardotGarcia (1821 bis 1910), französische Pianistin, Opernsängerin und Gesangslehrerin.

11. Kapitel

früher, wo die Rechnung noch nach Seelen ging: Vor der Aufhebung der Leibeigenschaft in Rußland (1861).

Bock & **Bote:** Bote und Bock, Berliner Musikalienhandlung.

Orpheus: Männliche Titelpartie (alt) in der Oper „Orpheus und Euridike" (1762) von Willibald Gluck (1714 bis 1787).

Kriemhild: Gestalt aus der Oper „Die Nibelungen" (1854) von Heinrich L. E. Dorn (1804 bis 1872).

Vestalin: Titelpartie der Oper „Die Vestalin" (1807) von Gasparo Spontini (1774 bis 1851).

Erlkönig: Ballade von Goethe, vertont von Karl Loewe (1796 bis 1869) und Franz Schubert (1797 bis 1828).

Bächlein, lass dein Rauschen sein: Gedicht aus dem Zyklus „Die schöne Müllerin" von Wilhelm Müller (1794 bis 1827), vertont von Franz Schubert.

Glocken von Speyer: Ballade, vertont von Karl Loewe.

Ritter Olaf: Ritter Olaf, Romanze Heinrich Heines aus den „Neuen Gedichten". Wahrscheinlich verwechselt mit der Ballade

„Herr Oluf" („Erlkönigs Tochter") von Johann Gottfried Herder, vertont von Karl Loewe.
Fliegender Holländer: Oper von Richard Wagner (1843).
Zampa: „Zampa oder die Marmorbraut" (1831), Oper des französischen Komponisten Louis Joseph Ferdinand Herold (1791 bis 1833).
Heideknabe: Ballade von Friedrich Hebbel (1813 bis 1863), vertont von Robert Schumann (1853).
Malice: (franz.) Bosheit.
Quäker: Ursprünglich Spottname (Zitterer) der sich selbst als „Society of Friends" bezeichnenden Sekte, die im 18. Jahrhundert in England gegründet wurde und sozialgerichtete Frömmigkeit und Sittenstrenge anstrebt.
Psychograph: Spiritistischer Schreibapparat, mit dem angeblich mit den Geistern der Verstorbenen Verbindung aufgenommen werden konnte.

12. Kapitel
Torquemada: Thomas de Torquemada (1420 bis 1498), Dominikanermönch, seit 1483 Großinquisitor in Kastilien und Aragonien.
Madame la Baronne ...: (franz.) An Frau Baronin von Instetten, geborene von Briest. Gut angekommen. Fürst K. auf dem Bahnhof. Entzückter von mir als je. Tausend Dank für die freundliche Aufnahme. Höfliche Empfehlungen an Herrn Baron. Marietta Tripelli.
Legat: Vermächtnis, Schenkung (a. d. Lateinischen).
Morsellen: Aus Zucker und Gewürzen hergestellte Bonbons.
Pistazien: Fruchtkerne der „echten Pistazie", einem in den Mittelmeerländern heimischen Baum.
„das Haus, das wir bewohnen, ist ... ein Spukhaus": Sh. „Meine Kinderjahre", 4. Kap.

13. Kapitel
Richter: Eugen Richter (1838 bis 1906), Mitbegründer und einflussreicher Führer der „DeutschFreisinnigen Partei", Gegner Bismarcks, Vertreter der Freihandelspolitik.
Lohengrin, Walküre: Opern von Richard Wagner.

Wagners Stellung zur Judenfrage: Wagner war Antisemit und veröffentlichte 1852 das Pamphlet „Das Judentum in der Musik".

Wilms: Robert Friedrich Wilms (1824 bis 1880), berühmter Berliner Chirurg, seit 1862 Chefarzt des Diakonissenkrankenhauses Bethanien, Bekannter Fontanes aus dessen ApothekerJahr in Bethanien.

Graf Gröben: Georg Graf von der Gröben, preußischer Generalleutnant.

SchwedischPommern: Vorpommern war seit 1648 schwedisch. Der Frieden zu Stockholm 1720 beschränkte den schwedischen Besitz auf das Gebiet links der Peene, das sog. SchwedischPommern oder Neuvorpommern; es kam 1819 an Preußen.

ramessiert: untersetzt.

Entoutcas: (franz.) in jedem Fall, Regen und Sonnenschirm.

Wullenweber: Jürgen Wullenweber (1492 bis 1537) 1533 bis 1535 Bürgermeister von Lübeck, Gegner der aristokratischen Partei, die ihn verurteilen und hinrichten ließ.

Stockholmer Blutbad: Die heimtückische Gefangennahme und Hinrichtung zahlreicher schwedischer Vornehmer durch den Dänenkönig Christian II. am 8. Nov. 1520 in Stockholm. Anstoß zur Befreiung Schwedens von dänischer Oberhoheit und zur Einsetzung der Dynastie Wasa.

14. Kapitel

Tag von Königgrätz: Sieg der Preußen über die ÖsterreichischSächsische Armee (auch Schlacht von Sadowa genannt) am 3. Juli 1866.

15. August: Geburtstag Napoleon I., im bonapartischen Frankreich als Feiertag begangen.

Kasualreden: Reden zu besonderen Anlässen, wie Eheschließungen und Taufen.

das Bibelwort: „Ich weiß deine Worte, dass du weder kalt noch warm bist. O dass du kalt oder warm wärest! Weil du aber lau bist und weder warm noch kalt, werde ich dich ausspeien aus meinem Munde." (Offenbarung des Johannes, Kap. 3, 1516).

Felsen Petri: Die katholische Kirche.

Rocher de bronce: (franz.) Bronzener Fels, Anspielung auf eine Randbemerkung Friedrich Wilhelm 1. am 25. April 1716, die Stabilisierung der Monarchie auf Kosten der Macht des Adels ankündigend.

15. Kapitel
"jetzt stürz ich": Sh. „Meine Kinderjahre", 4. Kap.

Schlacht von Waterloo: Entscheidungsschlacht der englischen und preußischen Truppen unter Wellington und Blücher gegen die Franzosen am 18. Juni 1815, hatte den endgültigen Rücktritt und die Gefangennahme Napoleons zur Folge.

Facon de parler: (franz.) Redensart.

liking: (engl.) Vorliebe.

Vionville: Verlustreiche Schlacht bei Vionville (oder auch MarslaTour), am 16. 8.1870, Sieg der deutschen Armee unter Prinz Friedrich Karl über die französische Rheinarmee unter Bazaine. (Todesritt der Brigade Bredow).

"Krieg im Frieden": Lustspiel von Gustav Moser (1825 bis 1903) und Franz von Schönthan (1849 bis 1913).

„Monsieur Herkules": Lustspiel von Georg Belly (1836 bis 1875), „Ein allerliebstes und vergleichsweise auf schwindelnder Höhe stehendes Stück" (Fontane).

„Jugendliebe": Lustspiel von Adolf von Wilbrandt, Direktor des Wiener Hofburgtheaters, (1837 bis 1911). „Erheitert, immer wohltuend berührt, folgt man von der ersten Szene bis zur letzten." (Fontane, Rezension der Premiere v. 31. 3. 1871).

„Euphrosine": Einakter von Otto Franz Gensichen (1847 bis 1933). Behandelt das Verhältnis Goethes zu Christiane NeumannBecker, der Goethe seine Elegie „Euphrosine" widmete.

Kastalischer Quell: Kastaleia, Quelle am Parnaß bei Delphi. Nach der griechischen Sage stürzte sich die von Apollon vefolgte Nymphe Kastalia in den Quell; sein Wasser soll dichterische Kraft wecken; seit helenistischrömischer Zeit Symbol der Dichtung.

16. Kapitel
Verdruss: Volkstümliche Bezeichnung für Buckel.

Causeur: (franz.) Plauderer, Unterhalter.

Propheten ... aus der Oper: Oper „Der Prophet" (1849) von Giacomo Meyerbeer (1791 bis 1864).

Bischof von Beauvais – der die Jungfrau von Orleans zum Feuertod verurteilte: Jeanne d'Arc, die Jungfrau von Orleans, wurde 1430 wegen Zauberei und Ketzerei angeklagt. Mit der Führung des Prozesses beauftragten die Engländer den Bischof Beauvais, Peter Cauchon (nicht cochon – Schwein), der Erzbischof von Reims werden wollte.

Basedow: Johann Bernhard Basedow (1723 bis 1790), Pädagoge, Gründer einer Reformschule in Dessau.

Pestalozzi: Johann Heinrich Pestalozzi (1746 bis 1827), Schweizer Pädagoge.

Schnepfenthal: Erziehungsanstalt für Knaben bei Gotha/Thür., begründet von dem Pädagogen Gotthilf Salzmann (1744 bis 1811).

Bunzlau: Vermutlich Erziehungsanstalt Gnadenfrei der Herrnhüter Brüder nahe Bunzlau.

Cherub mit dem Schwert: Erzengel, der die Pforte des Paradieses bewacht.

17. Kapitel

Haselant: Spaßmacher, Geck.

„Seegespenst": Gedicht von Heinrich Heine aus dem Zyklus „Die Nordsee", Nr. 10.

"Du hast Diamanten und Perlen"... „Deine weichen Lilienfinger": Gedicht Heines aus dem Zyklus „Die Heimkehr" (Buch der Lieder). Bei Heine: „Deine weißen ...

"in seinen späteren Gedichten, die man auch die 'romantischen' genannt hat": Zyklus „Romanzero" von Heine (1851).

Karl Stuart: Ballade „Karl I." aus Heines erstem Buch („Historien") des „Romanzero". Der absolutistische König Karl 1. von England (1600 bis 1649), wurde vom Parlamentsheer bei Naseby besiegt und 1649 hingerichtet.

Vitzliputzli: Ballade aus den „Historien" des „Romanzero".

indezent, degoutant: ungehörig (franz.), widerwärtig, abstoßend.

Pedro der Grausame: Aus Heines Ballade „Spanische Astriden" in dem Buch „Lamentationen" des „Romanzero".

Mutter der Elisabeth: Anna Boleyn (sprich Buhlen), zweite Frau Heinrichs des VIII. von England, Mutter von Elisabeth I., hingerichtet 1536.
Kreuz von Calatrava: Von König Sancho III. von Kastilien zur Verteidigung des Schlosses Calatrava gegen die Mauren gestifteter Orden (Calatrava-Orden).
Schwarzer Adler: Orden vom Schwarzen Adler, höchster preußischer Orden, gestiftet 1701 von Friedrich I.
Heinrich dem Achten, diesem englischen Blaubart: Heinrich VIII., König von England (1509 bis 1547), ließ zwei seiner sechs Frauen hinrichten.
Pour le mérite: Orden „Pour le mérite", hoher preußischer Orden, gestiftet 1740 von Friedrich II.
Josefinenhütte: Berghütte bei Schreiberhau in Schlesien.
König von Thule: Ballade aus Goethes Faust, 1. Teil, Vers 2759ff.

18. Kapitel
Friedrichsruh: Besitzung Bismarcks im Sachsenwald bei Hamburg, 1871 als Dotation verliehen.
canal grande: Großer Kanal in Venedig
Buküken von Halberstadt: „Buko von Halberstadt, Bring doch unserm Kinne wat!"
"Ein Schritt vom Wege": Schauspiel von Ernst Wiechert (1831 bis 1902). Besprechung der Uraufführung von Fontane in der Vossischen Zeitung vom 30.10.1872.
eskamotieren: Etwas verschwinden lassen. (a. d. Französischen).
Oberförsterei Uvagla: Sh. „Meine Kinderjahre", 11. Kap. Bericht über Ausflug zur Oberförsterei Pudagla. Ortschaft P. auf Usedom, zwischen Achterwasser und Schmollensee gelegen.
Tete: (franz.) Spitze.
erster Feldzug in Schleswig-Holstein: 1848 erhoben sich die Schleswig-Holsteiner gegen Dänemark, das Schleswig annektiert hatte. Preußen stand den Schleswig-Holsteinern bei.
Bonin: Eduard von Bonin (1793 bis 1865), preußischer General. Im Feldzug von 1848 Kommandeur der Preuß. Linienbri-

gade, dann Oberbefehlshaber und Reorganisator des schleswig-holsteinischen Heeres (bis 1850).

Danewerk: Alte Befestigungsanlage in der Nähe der Stadt Schleswig. Von den preußischen Truppen unter Wrangel am 23.4.1848 erstürmt.

Signatur unserer Zeit: Redensart nach der Streitschrift des Historikers Heinrich Leo „Signatura temporis" (1849).

„Die Gottesmauer": Ballade von Clemens Brentano (1778 bis 1842).

19. Kapitel

Marienburger Remter: Speisesaal im Schloß Marienburg, der größten aller abendländischen Burgen, bis 1457 Residenz der Hochmeister des Deutschen Ordens.

Memlingsches Altarbild: Hans Memling (um 1440 bis 1494), lebte in Brügge, gehörte zu den Meistern der niederländischen Malerschule, schuf auch die „Sieben Freuden Mariä" (München) und den Kreuzungsaltar (Lübeck). Fontane schätzte Memling besonders hoch.

Kloster Oliva: Zisterzienserkloster bei Danzig, Stiftung der Hanse.

Nettelbeck: Joachim Nettelbeck (1738 bis 1824), preußischer Patriot, Kapitän, seit 1782 Branntweinbrenner und Bürgerrepräsentant in Kolberg, dessen Verteidigung 1806-1807 gegen die Franzosen er mit Schill und Gneisenau leitete.

Sagenkönig: Sigurd Ring, skandinavischer Sagenheld, von E. Tegner (1782 bis 1846) in einer Ballade behandelt.

Kassandrablick: Kassandra, Tochter des Königs Priamos von Troja, prophezeite den Untergang ihrer Vaterstadt und wurde bei Eroberung der Stadt von dem kleinen Aias im Tempel der Athena geschändet. Agamemnon nahm sie als Sklavin nach Mykene, von Klytaimnestra getötet.

Reunion: (franz.) Gesellschaft, gesellige Zusammenkunft.

en cascade: (franz.) wie ein Wasserfall.

Geschichte von den 'drei Ringen': Ringparabel in Lessings „Nathan der Weise", 3. Aufzug, 7. Auftritt.

„Ich bin ein Preuße": Preußenhymne von B. Thiersch (1830), vertont von Heinrich A. Neithardt (1832).

Doktor und Apotheker: Anspielung auf die Oper „Doktor und Apotheker" von Karl Ditters von Dittersdorf (1739 bis 1799).

20. Kapitel
Sappeurbart: Bart, den die Sappeure (Pioniere) in Napoleons Armee trugen.
esprit fort: (franz.) Freigeist.
die Radegaster und die Swatowiter Linie: Anspielung auf die Wendengötter Radegast und Swatowit.
Canal la Manche: (franz.) Ärmelkanal.
hors concours: (franz.) außer Konkurrenz.
Solo: Altes Kartenspiel.

21. Kapitel
Dressel: Weinlokal Unter den Linden.
Palazzo Strozzi oder Pitti: Renaissance-Paläste in Florenz.

22. Kapitel
Schweigger: Karl Schweigger (1830 bis 1905), Augenarzt, seit 1871 Direktor der Berliner Universitätsaugenklinik.
Sei volatile: (lat.) Erfrischendes, belebendes Riechsalz.

23. Kapitel
wenn nicht Schutzzölle kämen, so müss' er mit einem Bettelsack ...: Mit Schutzzöllen sollte die einheimische Industrie und Landwirtschaft vor der ausländischen Konkurrenz geschützt werden. Den Großgrundbesitzern ging die von Bismarck 1878 durchgesetzte Erhöhung der Einfuhrzölle nicht weit genug.
Kladderadatsch: Titel eines 1848 von David Kalisch gegründeten illustrierten politisch-satirischen Wochenblatts; anfangs liberal, später nationalistisch.
Strudelwitz und Prudelwitz: Zwei Leutnantsfiguren aus dem „Kladderadatsch".
Kerlchen Mießnick: Figur des ewigen Quartaners aus dem „Kladderadatsch".
Wippchen von Bernau: Der Journalist Julius von Stettenheim (1831 bis 1916) veröffentlichte unter dem Pseudonym Wippchen von Bernau in der satirischen Zeitschrift „Berliner Wes-

pen" humoristischsatirische Reportagen über den Russisch-Türkischen Krieg von 1877/78, die viel Heiterkeit auslösten.

das dativisch Wrangelsche: Feldmarschall Wrangel verwechselte ständig den dritten und vierten Fall, vielleicht mit Absicht, um volkstümlich zu erscheinen.

medisieren: schmähen, lästern.

Walter Scott: Zu Fontanes Lieblingsbüchern zählten: die historischen Romane des schottischen Schriftstellers Walter Scott (1771 bis 1832) *„ivanhoe" „Quentin Durward"* der Roman des amerikanischen Schriftstellers James Fenimore Cooper (1789 bis 1851) *„Der Spion"* der Roman des englischen Schriftstellers Charles Dickens (1812 bis 1870) *„David Copperfield"* der historische Roman des deutschen Schriftstellers Willibald Alexis (1798 bis 1871) *„Die Hosen des Herrn von Bredow".*

Fonds: (franz.) hier: Kern, Rückhalt.

comme il faut: (franz.) wie es sich gehört, wie es sein muss.

Aqua Amygdalarum: (lat.) Bittermandelwasser, Orangensirup.

24. Kapitel

"Ein junges Lämmchen weiß wie Schnee": Kinderlied „Das Lämmchen" von Friedrich Justin Bertuch (1747 bis 1822) aus den „Wiegenliederchen" (1772).

tempi passati: (ital.) vergangene Zeiten.

Helms: Bekannte Konditorei an der Stechbahn gegenüber dem Roten Schloß.

Rotes Schloß: Geschäftshaus aus roten Backsteinen am Schloßplatz.

Hiller: Vornehmes Weinrestaurant Unter den Liriden.

1. April ... um sich einzuschreiben: Gratulationsliste zum Geburtstag Bismarcks.

Ondit: an dit (franz.), man sagt, Gerücht.

Belvedere ... Geistererscheinungen: Johann Rudolf von Bischoffwerder (1741 bis 1803), Günstling Friedrich Wilhelms II., Haupturheber der preußischösterreichischen Allianz gegen Frankreich, förderte die mystischen Neigungen des Königs und veranstaltete im Belvedere des Charlottenburger Schlosses spiritistische Sitzungen.

Schill: Ferdinand von Schill (1776 bis 1809), preußischer Major, wollte durch einen Einbruch in das Königreich Westfalen das Signal zum allgemeinen Aufstand gegen Napoleon geben. Fiel am 31. 5.1809 in den Straßen Stralsunds.

Scheele: Karl Wilhelm Scheele (1742 bis 1786), Apotheker und Chemiker in Stralsund, Entdecker des Sauerstoffs.

Hotel Fahrenheit ... Die Preise hoffentlich nach Reaumur: Die Temperaturskala nach Fahrenheit sieht zwischen Gefrier und Siedepunkt 180 Grad, die Reaumursche nur 80 Grad vor.

Herthadienst: Kult der altgermanischen Fruchtbarkeitsgöttin Nertha (der Name „Hertha" beruht auf einem Irrtum. Die Hertha-Sagen sind erfunden).

Mummeln: Seerosen.

Kongens Nytorv: Königs Neumarkt, Platz in Kopenhagen.

ThorwaldsenMuseum: Bertel Thorwaldsen (1768 bis 1844), dänischer klassizistischer Bildhauer; nach seinem Tode wurde das Museum gebaut, das in Originalen und Abgüssen alle seine Werke enthält.

Limfjord: Meeresstraße zwischen Nordsee und Kattegatt, die das nördliche Jütland vom Hauptteil Dänemarks trennt.

Tivoli-Theater: Berühmtes Varieté und Komödientheater in Kopenhagen.

Frederiksborg: Schloß im Norden der dänischen Insel Seeland.

Helsingör: Stadt auf Seeland; in der Nähe befindet sich das aus der Hamlet-Sage bekannte Schloß Kronborg.

Orakel ... kann mich nicht gleich auf den Namen der Person besinnen: Pythia, im Tempel des Apollon zu Delphi auf einem Dreifuß sitzend, verkündete, von Apollon inspiriert, dunkle Weissagungen, die von den Priestern in Verse übertragen wurden.

Der Sturm auf Düppel, Schanze V.: Erstürmung der Düppeler Schanzen durch preußische Truppen im Krieg 1864.

König Wilhelm und Graf Bismarck auf der Höhe von Lipa: Begebenheit aus der Schlacht bei Königsgrätz am 3. 7. 1866 im Preußisch-Österreichischen Krieg. Bismarck wurde am 15. 9. 1865 in den Grafenstand und am 21. 3. 1871 in den Fürstenstand erhoben.

25. Kapitel
Beau: (franz.) Schönling, schöner Mann.
Barbarossa: (ital.) Rotbart, Beiname Friedrichs des I. (1121 bis 1190), seit 1155 römisch-deutscher Kaiser.
Bonvivant: (franz.) Lebemann.
die Kaiserin: Augusta, Prinzessin von Sachsen-Weimar-Eisenach (1811 bis 1890), Gemahlin Wilhelms 1, preußische Königin seit 1861, deutsche Kaiserin seit 1871.
der alte Kaiser Wilhelm: Sh. Anmerkung 1. Kapitel.
Hautefinance: (franz.) Hochfinanz.
Gothaischer Kalender: Deutscher genealogischer Adelskalender, der seit 1848 jährlich in Gotha herausgegeben wurde.

26. Kapitel
Nana: Heldin des gleichnamigen Romans von Emile Zola (1840 bis 1902), der als unmoralisch verschrien war. Fontane beschäftigte sich intensiv mit Zola und schrieb eine Abhandlung über ihn.
des Dienstes ... immer gleichgestellte ... Uhr: Zitat aus Friedrich Schillers „Piccolomini", 1. Aufzug, 4. Auftritt.
"Lasst fette Leute um mich sein ...": „Lasst wohlbeleibte Männer um mich sein; / mit glatten Köpfen und die nachts gut schlafen, / Der Cassius dort hat einen hohlen Blick; / Er denkt zu viel: die Leute sind gefährlich." Zitat aus Shakespeare „Julius Cäsar", 1. Aufzug, 2. Szene.
Pas: (franz.) Schritt.

27. Kapitel
jeu d'esprit: (franz.) geistreiches Spiel.
Dolus: (lat.) Betrug, Arglist, böse Absicht.

28. Kapitel
a tempo avancieren: gleichzeitig voranschreiten.

29. Kapitel
Fremdenblatt: „Berliner Fremden- und Anzeigenblatt", seit 1876 „Berliner Fremdenblatt", gegründet 1862 von R. v. Decker.
Kleine Journal: Das „Kleine Journal", Tageszeitung, die vorwiegend über Skandale und Affären berichtete, gegründet von B. H. Strausberg.

30. Kapitel

Niemann: Albert Niemann (1831 bis 1917), Heldentenor und Wagnersänger, 18661888 an der Berliner Hofoper.

Bonner Studenten, Bonner Husaren: Die Bonner Studentencorps und Husarenregimenter galten als feudal und besonders vornehm.

heilige Afra: Fand bei der Christenverfolgung unter Diokletian den Märtyrertod.

Remedur: Abhilfe.

Dreimal Pichel ist zuviel : Die drei genannten Ortschaften sind beliebte Ausflugsziele bei Spandau. Wortspiel mit dem Begriff picheln: trinken.

Saturn frisst seine Kinder: Saturnus, in der griechischen Sage Kronos, verschlang seine Kinder, um durch sie den Tod zu finden.

32. Kapitel

Königsgrätzer Straße: Von 1863 bis 1872 wohnte Fontane in Nr. 25 dieser Straße.

Matthäikirchhof: In der Nähe von Fontanes Wohnung in der Potsdamer Str. 134c; lieferte auch die Inspiration zu einem Gedicht („Auf dem Matthäuskirchhof").

Prinz-Albrechtscher Garten: Park am Palais des Prinzen Albrecht von Preußen (1809 bis 1872), am Anhalter Bahnhof.

Glatz: Stadt und Festung in Schlesien, wo Instetten in Haft war.

Chopin ... Nocturnes: Klavierstücke des polnischen Komponisten und Pianisten Frédáric Chopin (1810 bis 1849).

Christuskirche: In der Königsgrätzer Straße zwischen Anhalter Bahnhof und dem Halleschen Tor.

Er spricht immer so viel vom Alten Testament: Der Prediger bevorzugt den strafenden Gott des Alten Testaments vor dem Gott der Nächstenliebe aus dem Neuen Testament.

Aurora: Deckengemälde im Kasino des Palazzo Rospigliosi in Rom von Guido Reni (1575 bis 1642). Stellt den Triumphzug des Sonnengottes dar, durch Reproduktionen sehr verbreitet.

Benjamin West: Englischer Historienmaler (1738 bis 1820).

Aquatinta-Manier: Kupfer oder Stahlstich, der das Ansehen einer getuschten Zeichnung nachahmt; u. a. in Verbindung mit der Radierung.

König Lear ... auf der Heide: Szene aus der Tragödie „König Lear" von Wilhelm Shakespeare.

33. Kapitel
zwei ... wollen ... übertreten: Gemeint ist der Übertritt zweier Jüdinnen zum Christentum. **Schilling:** Konditorei in der Friedrichstraße.

34. Kapitel
Phtisis: (griech.) Abzehrung, Schwindsucht, krankhafter Zustand, bei dem rasche Abmagerung erfolgt; meist für Schwindsucht gebraucht.
Salzbrunn-Reinerz: Schlesische Bäder für Herz und Lungenkranke.
Vor Christum natum: (lat.), eigentlich ante Christum natum – vor Christi Geburt.
Lethe: Im griechischen Mythos ein Fluss in der Unterwelt, aus dem die Seelen der Verstoßenen Vergessen trinken.
Attachement: (franz.) Anhänglichkeit.
Kreuzzeitung: Neue Preußische(„Kreuz")Zeitung; wöchentlich zwölfmal in Berlin erscheinende, hochkonservative und kirchlich orthodoxe Zeitung, 1848 gegründet. Fontane war dort von 1860 bis 1870 Redakteur.
Norddeutsche Allgemeine: Norddeutsche Allgemeine Zeitung; konservative Berliner Tageszeitung, Hauptorgan Bismarcks bis zu dessen Rücktritt 1890, 1864 gegründet.
Ladenberg: Phillip von Ladenberg (1769 bis 1847), preußischer Staatsminister von 1837 bis 1842. Der schwarze Adlerorden stand im Rang über dem Roten.
Doktor Wichern: Johann Heinrich Wichern (1808 bis 1881), Theologe und Gründer der „Inneren Mission".
Rauhes Haus: Das 1833 gegründete „Rauhe Haus" war zunächst eine christliche Erziehungsanstalt. Später wurden Einrichtungen zur Gefangenen und Krankenfürsorge sowie Ausbildungseinrichtungen angeschlossen.
Confratres: (lat.) Mitbrüder.
König Mtesa: Sultan von Uganda (1841 bis 1884), erwies dem englischen Afrikaforscher H. M. Stanley (1841 bis 1904) Gastfreundschaft. Fontane hatte Stanleys Reiseberichte gelesen und äußerte sich wiederholt darüber begeistert.

Wenn die Veilchen blühen: Vgl. Fontanes Gedicht „Was mir gefällt".

Luisendenkmal: Denkmal für Königin Luise von Preußen aus dem Hause Mecklenburg-Strelitz (1776 bis 1810), Gemahlin Friedrich Wilhelm III., gestorben an Kehlkopfkrebs.

Friedenskirche: Am Eingang des Parkes von Sanssouci in Potsdam.

Kaiser Friedrich: Kaiser Friedrich III. starb am 25. 6.1888 an Kehlkopfkrebs nach dreimonatiger Regierungszeit. Fontane schrieb einen Zyklus von vier Gedichten auf seinen Tod und sein Begräbnis.

Sardanapal: Ballett von Paul Taglioni (1808 bis 1884) um den gleichnamigen altassyrischen König.

Coppelia: Ballett von Léo Delibes (1836 bis 1891).

del Era: Antoinette dell' EraSandrini, französische Tänzerin, seit 1880 Primaballerina am Königl. Opernhaus Berlin.

Huth: Weinstube, nahe Fontanes Wohnung, in der neben Fontane auch Adolph Menzel verkehrte.

Herzog von Ratibor: Viktor Herzog von Ratibor und Corvey (1818 bis 1893), Präsident des preußischen Herrenhauses seit 1877.

Fürstbischof Kopp: Georg von Kopp (1837 bis 1914), Bischof von Fulda, 1887 Fürstbischof von Breslau, 1893 Kardinal. Kopp vermittelte im Auftrage Bismarcks im Kulturkampf zwischen der katholischen Kirche und dem Staat. Deshalb heftige Angriffe der katholischen Presse.

Äquinoktien: Tagundnachtgleiche. Hier: Herbstäquinoktium: Tage um den 23. September.

4.5 Fontanes Realismus

Aufschluss über Fontanes literaturtheoretische Ansichten geben sein Essay „Unsere lyrische und epische Poesie seit 1848", der im Jahre 1853 in der Zeitschrift „Deutsche Annalen zur Gegenwart und Erinnerung an die Vergangenheit" erschien, sowie einige Besprechungen von Werken zeitgenössischer Schriftsteller aus seinen Kritikerjahren. Die Abhandlung aus dem Jahre 1853 beginnt mit einer polemischen Abgrenzung: „Es gibt neunmalweise Leute, die mit dem letzten goetheschen Papierschnitzel unsere Literatur für geschlossen erklären. Forscht man näher nach bei ihnen, so teilen sie einem vertraulich mit, dass sie eine neue Blüte derselben überhaupt für unwahrscheinlich halten, am wenigsten aber auch nur die kleinsten Keime dazu in den Hervorbringungen der letzten zwanzig Jahre gewahren können. Wir kennen dies Lied . Die goldenen Zeiten sind immer vergangene gewesen ... Gerechtigkeit gegen Zeitgenossen ist immer eine schwere Tugend gewesen, aber sie ist doppelt schwer auf einem Gebiete, wo das wuchernde Unkraut dem flüchtigen Beschauer die echte Blüte verbirgt. ..."[33]

Die großen Umwälzungen, die im Gefolge der Entwicklung von Naturwissenschaft und Technik in der ersten Hälfte des 19. Jahrhunderts eintraten, bewirkten einen allgemeinen Prozess der Verweltlichung, der die Menschen aus ihren religiösen Bindungen löste und das Unwirkliche, Transzendente aus ihrem Gesichtsfeld verdrängte. In der Folge setzte sich empirisches Denken nicht nur im täglichen Leben, sondern auch bei der Produktion von Kunstwerken durch: „Was unsere Zeit nach allen Richtungen hin charakterisiert, das ist ihr Realismus.... die Welt ist des Spekulierens müde und verlangt nach jener 'frischen grünen Welt', die so nah lag und doch so fern".

Prozess der Verweltlichung

Der Begriff „Realismus" drängte sich wie von selbst für eine Kunstrichtung auf, die sich so unmittelbar im Einklang mit dem

---

33) Theodor Fontane. Unsere lyrische und epische Poesie seit 1848. Schriften und Briefe, Abt. II, Bd. 1, S. 236. – Der angegebenen Quelle sind auch die weiteren Fontane-Zitate dieses Teilkapitels entnommen.

Zeitgeist befand und die bereits 1826 ein Artikel des „Mercure Frantaise" als „Literatur des Wahren" bezeichnet hatte. Fontane gilt der Begriff nicht nur als Definition einer bestimmten Kunstrichtung, er wird zum Normbegriff aller Kunst schlechthin: „Der Realismus in der Kunst ist so alt wie die Kunst selbst, ja, noch mehr: er ist die Kunst". Fontane schließt nicht aus, dass auch vergangene Perioden eine realistische Kunst hervorgebracht hatten: „Unsere moderne Richtung ist nichts als eine Rückkehr auf den einzigen richtigen Weg, die Wiedergenesung eines Kranken, die nicht ausbleiben konnte, solange sein Organismus noch überhaupt ein lebensfähiger war". Auch Goethe und Schiller seien entschiedene Vertreter des Realismus gewesen, solange sie „unangekränkelt von der Blässe des Gedankens" ihre Werke schufen. „Denn der Realismus ist der geschworene Feind der Phrase und Überschwänglichkeit; keine glückliche, ihm selber angehörende Wahl des Stoffes kann ihn aussöhnen mit solchen Mängeln in der Form, die seiner Natur zuwider sind." Fontanes Abhandlung erschöpft sich nicht in der Polemik; sie postuliert eine Reihe wesentlicher Stoff und Formkriterien für die Kunstrichtung des „Realismus": „Vor allen Dingen verstehen wir nicht darunter das nackte Wiedergeben des alltäglichen Lebens, am wenigsten seines Elends und seiner Schattenseiten ... es ist nicht allzu lange her, dass man (namentlich in der Malerei) *Misere* und Realismus verwechselte und bei Darstellung eines sterbenden Proletariers, den hungernde Kinder umstehen, oder gar bei Produktionen jener so genannten Tendenzbilder (schlesische Weber, das Jagdrecht u. dgl. m.) sich einbildete, der Kunst eine glänzende Richtung vorgezeichnet zu haben. Diese Richtung verhält sich zum echten Realismus wie das rohe Erz zum Metall: die Läuterung fehlt. Wohl ist das Motto der Goethesche Zuruf:

> Greif nur hinein ins volle Menschenleben,
> Wo du es packst, da ist's interessant.

aber freilich, die Hand, die diesen Griff tut, muss eine künstlerische sein. Das Leben ist doch immer nur der Marmorsteinbruch, der den Stoff zu unendlichen Bildwerken in sich trägt; sie schlummern darin, aber nur dem Auge des Geweihten sichtbar und nur durch seine Hand zu erwecken. Der Block an sich, nur herausgerissen aus einem größeren Ganzen, ist noch kein Kunstwerk, und dennoch haben wir die Erkenntnis als einen unbedingten Fortschritt zu begrüßen, dass es zunächst des Stoffes, oder sagen wir lieber des *Wirklichen,* zu allem künstlerischen Schaffen bedarf ..."

Fontane versteht unter Realismus die Widerspiegelung alles wirklichen Lebens, aller wahren Kräfte und Interessen im Elemente der Kunst: „Der Realismus will nicht die bloße Sinnenwelt und nichts als diese, er will am allerwenigsten das bloß Handgreifliche, aber er will das *Wahre.* Er schließt nichts aus als die Lüge, das Forcierte, das Nebelhafte, das Abgestorbene – vier Dinge, mit denen wir glauben, eine ganze Literaturepoche bezeichnet zu haben ... Der Realismus hält auch nichts von dem, was unserem Interesse völlig fremd geworden ist ... er lässt die Toten oder doch wenigstens das Tote ruhen; er durchstöbert keine Rumpelkammern und verehrt Antiquitäten nie und nimmer, wenn sie nichts anderes sind als eben – alt. Er liebt das Leben je frischer je besser, aber freilich weiß er auch, dass unter den Trümmern halbvergessener Jahrhunderte manche unsterbliche Blume blüht."

Spiegelbild wirklichen Lebens

Fontanes Interpretation der Kunst als „Spiegelbild wirklichen Lebens" findet sich in seinen späteren literaturkritischen Äußerungen fast unverändert wieder. Im Jahre 1875 schreibt er in einer Besprechung von Gustav Freytags „Die Ahnen": *Was soll ein Roman?* Er soll uns, unter Vermeidung alles Übertriebenen und Hässlichen, eine Geschichte erzählen, an die wir *glauben* ... er soll uns eine Welt der Fiktion auf Augenblicke als eine Welt der Wirklichkeit erscheinen lassen. Für das Stoffgebiet des modernen Romans definiert Fontane die räumlichen und zeitlichen Grenzen: „Der Roman soll ein Bild seiner Zeit sein, der wir selber angehören, mindestens die Widerspiegelung eines Lebens, an dessen Grenzen wir selbst noch standen oder von dem uns unsere Eltern noch erzählten ... So die Regel ...".

Im Jahre 1886 heißt es in der Rezension zu Paul Lindaus „Der Zug nach dem Westen": „,... Aber das ist nicht Aufgabe des Romans, Dinge zu schildern, die vorkommen oder wenigstens jeden Tag vorkommen *können*. Aufgabe des modernen Romans scheint mir die zu sein, ein Leben, eine Gesellschaft, einen Kreis von Menschen zu schildern, der ein unverzerrtes Widerspiel *des* Lebens ist, das wir führen. Das wird der beste Roman sein, dessen Gestalten sich in die Gestalten des wirklichen Lebens einreihen, so dass wir in Erinnerung an eine bestimmte Lebensepoche nicht mehr genau wissen, ob es gelebte oder gelesene Figuren waren, ähnlich wie manche Träume sich unserer mit gleicher Gewalt bemächtigen wie die Wirklichkeit."

Fontane sah in der auf exaktester Beobachtung der Wirklichkeit beruhenden Beschreibung, der Reportage, einen ungeheuren Literaturfortschritt, der uns auf einen Schlag aus dem öden Geschwätz zurückliegender Jahrzehnte befreit hat, wo von mittleren und mitunter auch von guten Schriftstellern beständig, aus der Tiefe des „sittlichen Bewusstseins" Dinge beschrieben werden, die sie nie gesehen hatten", wie er in seiner Kritik zu Alexander Kiellands „Arbeiter" feststellt. Dies sei jedoch nur ein Schritt zum Besseren: „Will dieser erste Schritt auch schon das Ziel sein oder wenn es hochkommt seine Rustika, so hört alle Kunst auf, und der Polizeibericht wird der Weisheit letzter Schluss. Wenn Zola den berühmten Gang in den Pariser Käsekeller oder in die Bildergalerie oder zum Wettrennen nach Longchamps oder Compiegne macht, so sind das Meisterstücke der Berichterstattung, an die sich hundert ähnliche Schilderungen anreihen, aber ihre Zusammenstellung macht noch kein Kunstwerk. Auch selbst ein geschickter Aufbau dieser Dinge rettet noch nicht, diese Rettung kommt erst, wenn eine schöne Seele das Ganze belebt. Fehlt diese, so fehlt das Beste. Es ist dann ein wüst zusammengeworfenes, glänzendes Reich, das ebenso rasch auseinander fällt und stirbt."

In seinem Brief an Friedrich Stephany vom 10. Oktober 1889 schreibt Fontane: „Der Realismus wird ganz falsch aufgefasst, wenn man von ihm annimmt, er sei mit der Hässlichkeit ein für allemal vermählt, er wird erst ganz echt sein, wenn er sich umgekehrt mit der Schönheit vermählt und das nebenherlaufende Hässliche, das nun mal zum Leben gehört, verklärt hat. Wie und wodurch? das ist seine Sache zu finden. Der beste Weg ist der des Humors." In einer Kritik über Ibsens Drama 'Die

Wildente" schrieb er: „Es ist das Schwierigste, was es gibt (und vielleicht auch das Höchste), das Alltagsdasein in eine Beleuchtung zu rücken, dass das, was eben noch Gleichgültigkeit und Prosa war, uns plötzlich mit dem bestrickenden Zauberer, der Poesie berührt". Dem Alltäglichen, dem Nebensächlichen, den unscheinbaren Begebenheiten, „den einfachen Lebenskreisen" galt Fontanes Interesse, wie er in einem Brief an seinen Verleger W. Hertz betont (17. 6. 1866), und die kümmerlichen Elemente des Allzumenschlichen seien in Lächeln aufzulösen.[34] Die Forderung nach Läuterung des Stoffes durch die Hand des Künstlers, nach Verklärung und Poetisierung wurde zum wesentlichen Grundprinzip im schriftstellerischen Schaffen Fontanes. Als ein bestimmendes Kriterium seiner Kunst wird es auch in den Altersromanen durch die vorwiegend kritischen Elemente nicht verdrängt oder verdeckt. Nach Hugo Aust kann die Verklärung zum einen das künstlerische „Wie", „die Seinsqualität" der Kunst schlechthin betreffen, zum anderen impliziere der Begriff eine bestimmte weltanschauliche Qualität der Kunstwirklichkeit".[35] Verklärung bedeute „verklärte Wirklichkeit", in der die Frage nach dem Sinn von Existenz, Welt und Geschichte nicht nur gestellt, sondern auch konkret beantwortet werde. „Die von dem Kunstgesetz geforderte verklärte Wirklichkeit weist eine Sinndimension auf, die in der historischen Wirklichkeit nicht zu finden ist und die nur im Kunstmedium qua Kunst sichtbar werden kann und auch sichtbar werden muß."[36] Und an dieser Stelle verweist Aust darauf, dass Fontane Verklärung forderte, damit die Kunst, „die im Zeitalter wissenschaftlicher Wirklichkeitserfassung steht, und dadurch selbst ihr zeitbildliches, 'realistisches' Profil erhält, auch Kunst bleibt und nicht zum wissenschaftlichen Essay absinkt."[37]

> **Was einzig und allein dauernd dem Menschen genügt, ist nur immer wieder der Mensch**

In „Ein Sommer in London", Kapitel „Out of town" konstatierte Fontane bereits 1854: „Was einzig und allein dauernd dem Menschen genügt, ist nur immer wieder der Mensch". An-

---

34) J. Tanner. Die Stilistik Th. Fontanes, S. 102
35) Th. Aust. Theodor Fontanes „Verklärung", S. 16
36) ebenda, S. 17
37) ebenda, S. 20

knüpfend an den Begriff des „Interesses", weist diese Bemerkung nicht nur auf das Generalthema seines erzählerischen Werkes hin; eingebunden in die Anekdote, steht der Mensch auch im Mittelpunkt der Landschafts und Historienschilderungen seiner Wanderbücher.

Bei allen großen Realisten hatte sich eine verfeinerte und vertiefte Seelenkunde entwickelt, die den Anregungen der Romantischen Schule viel verdankte. Fontanes reichhaltige Skala der Persönlichkeitsdarstellung umfasste deskriptive Methoden, von der anschaulichen Beschreibung der äußeren Erscheinung der Figuren, ihrer Genealogie, ihren Verhaltensmustern, Neigungen, Passionen und Sehnsüchten, bis zur Selbstdarstellung der Figuren in der Plauderei und im Brief. Bei der Wahl der Ausdrucksmittel fällt die „geschärfte Sensibilität für Töne, Übergänge und Nuancen auf, die bereits in die Literatur der Jahrhundertwende hinüberweist."[38]

Peter Demetz bemerkt: „keine Gebärde, keine Geste, kein Blick, kein Wort, das nicht bedeutend wäre durch Nuance und Implikation."[39]

J. Tanner führt vier prinzipielle Punkte auf, die als typisch für die realistische Periode der deutschen Literatur anzusehen seien: der allgemeine „Wille zur Wirklichkeit", die genaue Fixierung des Schauplatzes, die Psychologisierung der Darstellung des Schauplatzes und die Loslösung von symbolischer Darstellung.[40] Hinzuzufügen ist: typisch für Fontanes Epik ist auch die exakte Fixierung der historischen Zeit; das Romangeschehen spielt sich stets vor dem Hintergrund historischer Ereignisse ab, in denen Personen der Zeitgeschichte agieren. Diskussionswürdig ist Tanners These von der Loslösung realistischer Romangestaltung von symbolischer Darstellung. In Fontanes Romanen findet sich eine ganze Reihe symbolischer Motive, Peter Demetz widmet dem Thema „Symbolische Motive: Flug und Flocke" ein ganzes Kapitel [41] und Müller-Seidel findet, dass im Spuk-

---

38) W. Müller-Seidel, a. a. O., S. 466
39) Peter Demetz. Formen des Realismus, S. 170
40) J. Tanner, a. a. O., S. 155
41) P. Demetz, a. a. O., S. 210

chinesen „alle diese Symbole, Motive und Leitmotive zusammenfallen".[42]

In der deutschen Klassik besaß das Symbol einen weihevollen, fast sakralen Charakter; in der realistischen Literaturepoche beschränkte es sich auf das Irdische, auf konkrete, zeitlich begrenzte Vorgänge. Die Eigenschaft des Erhabenen, die ihm in Hegels Ästhetik noch zugewiesen war, ging ihm verloren, es verbindet sich nun mit komischer Darstellung oder dient, wie im Falle des Chinesenspuks, der psychologischen Motivierung.

Müller-Seidel warnt, die zentralen Begriffe der Realismustheorie – Verklärung, Humor, Symbolik u.a. – unbesehen auf das Spätwerk Fontanes zu übertragen. „Die Betrachtung seiner Romane hat anderes erbracht, und wer das Etikett des bürgerlichen oder poetischen Realismus unbekümmert übernimmt, muss sich den Vorwurf gefallen lassen, dass er frühe und späte Phase, was den Stil des Erzählens betrifft, unterschiedslos behandelt und nivelliert. Da ist über allem das kritische Element, obgleich nicht die ultima ratio seines künstlerischen Verfahrens! Als Gesellschaftskritik, als Sprachkritik wie als Geschichtskritik nähert es sich vielfach den Denkformen Nietzsches an ... Während sich der poetische Realismus zwischen Revolution und Reichsgründung noch gern der naiven Erzählfreude überlässt, vermittelt die Erzählkunst der späteren Zeit ein verändertes Bild; wenigstens für die Erzähler von Anspruch und Rang trifft es zu. Ein hochreflexives Sprach und Erzählbewusstsein ist für Raabe seit 'Pfisters Mühle' ebenso charakteristisch wie für das Spätwerk Fontanes."[43]

Die beiden bedeutendsten Erzähler des späten, 'kritischen' Realismus gingen aus der Richtung des programmatischen, poetischen oder bürgerlichen Realismus hervor. Die 'bürgerlichen' Realisten gaben nicht der Kunstleistung, sondern den dargestellten Inhalten den Vorrang. „Den 'Spätrealisten' Raabe und Fontane erscheint die Wirklichkeit so komplex, dass ihnen ihre Kunstmittel nichts Zweitrangiges sein können. Sie suchen sich

---

42) W. Müller-Seidel, a. a. O., S. 466
43) ebenda, S. 466

im Gegenteil mit höchster Kunstbewusstheit gegen eine unübersichtlich werdende Wirklichkeit zu behaupten. Diese Kunstbewusstheit ist charakteristisch für das erzählerische Niveau beider Autoren. Sie zeigt sich u.a. im Gebrauch von Symbolen, die bei Raabe in einem eigentümlichen Symbolismus übergehen, wie man ihn nennen möchte. Bei Fontane sind es 'Allegorisierungen', die ihn von der Erzählkunst des poetischen Realismus entfernen und einem Werk wie der 'Königlichen Hoheit' anzunähern scheinen."[44]

Fontanes Verhältnis zur Wirklichkeit wurde auch durch den verharmlosenden Begriff des „Heiteren Darüberstehens", der durch den Titel einer Briefsammlung aufgekommen war, charakterisiert.

> **Begriff des „Heiteren Darüberstehens"**

Katharina Mommsen warnt: „Stand auch im Leben wie im Schaffen dem Dichter überlegener Humor zu Gebote, so gab es doch in seinen Altersjahren zu viele tragische Züge, als dass man uneingeschränkt und schlechthin von Heiterkeit sprechen könnte. Auch war der alte Fontane in seinen Anschauungen nicht völlig ohne Richtung und Engagement. Im Hinblick hierauf führt die Wendung vom „Heiteren Darüberstehen", schlagartig gebraucht, zu einem tendenziös verzeichneten Bild."[45] Anhand zahlreicher Stellen in Fontanes Werk weist K. Mommsen nach, dass der Dichter (wohl weniger der Briefschreiber, d.A.) Fontane ein weltmännisches „Über-den-Dingen-Stehen" als die ihm gemäße Haltung ansah. Als kritisch teilnehmender, je nachdem ironisch oder mitleidsvoll reagierender Beobachter, gab er kaum einmal die gehörige Distanz auf, so wie er es in einem Brief an Friedländer beschrieb. „Ich betrachte das Leben, und ganz besonders das Gesellschaftliche darin, wie ein Theaterstück und folge jeder Szene mit einem künstlerischen Interesse wie von meinem Parkettplatz Nr. 23 aus." (Fontanes fester Platz als Rezensent am Königlichen Schauspielhaus)

---

44) ebenda, S. 469
45) Katharina Mommsen. Gesellschaftskritik bei Fontane und Thomas Mann. S.46

4.6 Interpretationsaspekte
(Literaturwissenschaftler über „Effi Briest")

Wir stellen in Ausschnitten einige Stellungnahmen von Wissenschaftlern vor, die sich zur Persönlichkeit der Hauptfiguren, zum Symbolgehalt und zur Struktur des Romans äußern.[46]

Fritz Martini befasst sich mit der Psyche der Titelheldin und ihrer tragischen Verstrickung in eine Schuld, die sie „in geduldigem Erleiden" als vereinsamter Mensch büßen musste: „,...'was mich wenig thun und viel abwarten lässt', schrieb Fontane schon 1849 an Lepel. 'Es ist mir voller Ernst damit; das Leben macht den Menschen'. Solche Stimmungen lebten in Effi Briest (1894/95) weiter. Doch wird die Substanz des Persönlichen, ein Schuldig-Werden und seine Verantwortung nicht an den Fatalismus preisgegeben. dass Effi am Ende ihres Leidensweges in gereifter Innerlichkeit alle Wertsätze der Gesellschaft hinter sich lässt und sich ihr Ich – Goethes Ottilie in den 'Wahlverwandtschaften', dem ersten tragischen Eheroman des Jahrhunderts angeähnlt – bis zur Verklärung beseelt, spricht in der Freiheit und Schönheit des Innerseelischen, das unzerstörbar ist. Allerdings verschwimmt diese Sprache, mit ihr der Schluss des Romans zu sehr in das Sentimentale. Es ist die Gegenlage zu Fontanes Ironie. Beides deutet auf eine resignierende Passivität gegenüber dem nicht bewältigten Leben, auf ein Sich-Abschirmen im Rationalen und Emotionalen, auf ein Ausweichen im nur Subjektiven. Diese Sentimentalität beeinträchtigt den Rang des Romans. Der Stilwandel ist im 36. Kapitel deutlich spürbar; die Gefühlsbeteiligung des Autors drang hier zu unkontrolliert in seine Sprache ein ... Über 'Irrungen, Wirrungen' und 'Stine' lag eine rührende Melancholie des Verzichts; in 'Effi Briest' ist das Tragische noch mehr berührt. Das Konstruktive der 'Dreiecks' Eheromane ist überwunden. Fontane hat dem Roman bei strafferer, gradliniger Führung eine größere innere Weite und Tiefe gewonnen. Er begründete hier ein Geschick nicht nur aus dem Widerspruch zwischen individuellem Glücksverlangen und versach-

---

[46] Die Zitate sind der angegebenen Literatur entnommen. Ergänzend: W. Wittkowski. Theodor Fontane und der Gesellschaftsroman. In: Helmut Koopmann. Handbuch des deutschen Romans. Düsseldorf 1983

lichter, entfremdeter Gesellschaftsordnung. Er legte es tiefer in ein Ineinander von psychologischer Determination durch Charakter und Verhältnisse und von moralischer Katharsis in der Todesreife.

'Ich sterbe mit Gott und Menschen versöhnt, auch versöhnt mit ihm.' Fontanes vom Einzelporträt ausgehende Formungskraft hat in 'Effi Briest' ihre höchste ewige Stufe erreicht.

> **Ich sterbe mit Gott und Menschen versöhnt, auch versöhnt mit ihm**

Der vereinzelte Fall, ein privates und alltägliches Eheschicksal wie viele andere, hat, so tief er in Effis besonderem Charakter begründet wird, durch Umstände und Folgen eine zeitgeschichtliche Repräsentanz gewonnen. Man hat schon auf einen Ausspruch Fontanes 1894, kurz vor Erscheinen von 'Effi Briest', hingewiesen: Was ihn reize, seien 'nicht Liebesgeschichten in ihrer schauderösen Ähnlichkeit, sondern der gesellschaftliche Zustand, das Sittenbildliche, das versteckt und gefährlich Politische, das diese Dinge haben' (vgl. Kap. 5). Fontane hat berichtet, wie beteiligt er an dem Roman gearbeitet hat ... Das Episodische in Milieu und Menschengestaltung, in Schilderung und Dialog wird mit einer klaren Führung der antithetischen Personenstellungen, der perspektivischen Kontraste und Überkreuzungen, der symbolisierenden und stimmungshaften Beleuchtungen der einen Mittelfigur, ihrer Psychologie und ihrem Geschick zugeordnet. Fontane hatte eine Form des durch Leitmotive und Symbolverweise erhellenden Sprechens erarbeitet, in der das Zuständliche, das zunächst nur Zufällige und Individuelle sich mit großer Kunst der Übergänge und Zwischentöne wie von selbst zum Irrationalen eines immanenten Bestimmungszusammenhanges erweitert. Der klargeordnete Ablauf innerhalb der alltäglichen Realität wird zum irrationalen Transparent. Effi erhielt in ihrer frischen Naivität einen Zug zum Traumhaften, Romantischen, Abenteuerlichen, Gefährlichen und zum Stimmungshaft-Poetischen, der gleichwohl nicht die festen Konturen des Sinnlich-Vitalen, Natürlichen und einer typischen jungen Frau in dieser Zeit, dieser Gesellschaftsschicht, verwischt. Sie ist ein verspieltes, etwas kokettes und verwöhntes Kind dieser Zeit und doch in einem tieferen Grunde beheimatet, der sie gefährdeter und innerlich reicher, unbefangener und unmittelbarer ein Ich sein lässt als alle, die sie umgeben. Aus ihr strahlt etwas von der Faszination des Wesenhaft Weiblichen, des naturhaften Menschentums aus. Fontane erreichte eine innere Erzähleinheit, die einen kausal lückenlosen Bedingungszusammenhang mit der Offenheit zur unbegrenzten Möglichkeitsfülle verbindet ... In der Gestalt der Effi wagte Fontane zum ersten Male das Werden und Sein eines ganzen Menschenlebens zu entwickeln. Sie wird, auf ein klares, lebensfrohes Daseinsglück angelegt, fast traumwandlerisch verlockt und gefangen ... In der Verkettung, in der sich das Ich in das Ungewollte ergibt, sich selbst fremd wird und darin fast verliert, hat Fontane eine neue psychologische Erfahrungsschicht eröffnet

Peter Demetz weist auf einige symbolische Motive hin, die in Fontanes Romanen wiederholt auftreten und auf Effis Sehnsucht ins Unendliche, ins himmlische Jenseits verweisen. Er stellt die Frage, inwieweit diese eine irdische Schuld mildere oder gar aufhebe: „Die ironische Variation des Bildes von der 'Tochter der Luft' bestätigt auf ihre Weise, wie intim Effis Vorliebe für das Klettern und ihre Leidenschaft für das Schaukeln zusammengehören. Beide entspringen dem gleichen drängenden Impuls; beide entfalten sich, indem sie die Jahre der Kindheit überdauern, jenseits des eigentlich Schicklichen, des Dekorums, der vorgeschriebenen Mädchensitte. Merkwürdig, wie Effi ihre geliebte Schaukel aus den Jahren der Kindheit in die spätere Epoche ihres Mädchen und Frauentums hinüberrettet. Es ist, als wollte Fontane in ihrer Starrköpfigkeit das eigentlich Unwandelbare ihres Charakters betonen. Bedeutungsvoll, wie der Autor die altersschwache Schaukel, die so lange Dienst getan, schon auf der ersten Seite des Romans auf das genaueste lokalisiert ... Dieses Rondell aber ist der gleiche Ort, an dem der Leser Effi zuletzt verlässt: ihre Grabstätte. Unaufdringlich, so scheint es, hat Fontane von allem Anfang an das Zeichen ihres Verlangens nach dem schwerelosen Glück emblematisch an den Rand ihres künftigen Grabes gestellt. Ja noch mehr: Fontane hat es sich, wie Mary Gilbert zeigt, angelegen sein lassen, das Bild der Schaukel dreimal – gleichsam als Effis Schicksals- und Todesmotiv – aufscheinen zu lassen: Einmal, kurz vor ihrer Eheschließung; ein zweites Mal während ihrer Ehe; zuletzt, kurz vor ihrem Tode ... ein letztes Mal, schwingt sich Effi auf das Brett, als sie, krank und einsam und von der Welt in Bann getan,

mit Pastor Niemeyer durch den Garten geht: 'Sie flog durch die Luft, und bloß mit einer Hand sich haltend riss sie mit der anderen ein kleines Seidentuch von Brust und Hals und schwenkte es wie im Glück und Übermut.' Noch einmal will sie des schönen Zaubers teilhaftig werden – aber es ist 'wie' Glück, erinnertes, erwünschtes, nichtgegenwärtiges Gefühl. 'Ich hab' es nur noch einmal versuchen wollen ... mir war, als flög' ich in den Himmel.' Spricht hier, da sich die sterbenskranke Effi an den Pastor wendet, ihre verhaltene Hoffnung, in einer höheren Sphäre aller Schuld ledig sein zu dürfen? ... Die vielfältigen Implikationen der symbolischen Elemente im Bilde des Klettermastes und der Schaukel finden ihre Bestätigung in dem an entscheidenden Orten wiederkehrenden Motiv der Schlittenfahrt. Effis Freude an raschen Schlittenfahrten ist selbst jenen wohlbekannt, die nicht tief in ihre Natur zu blicken vermögen; selbst Instetten, ein eher pädagogisches als psychologisches Talent, verspricht Effi willkommene Aufmunterung von einer Schlittenpartie und erinnert sie an das 'Geläut' und 'die weißen Schneedecken'. Damit verrät er, wie wenig er sie wirklich kennt; gesellschaftliche Äußerlichkeiten sind für Effi von geringer Bedeutung. Sie selbst belehrt ihn eines anderen: Während der Schlitten dahingleitet, bekennt sie sich unerwartet zu einem gefährlicheren Genuss – es ist ja himmlisch, so hinzufliegen, und ich fühle ordentlich, wie mir so frei wird und wie alle Angst von mir abfällt'; merkwürdige Worte einer Jungverheirateten! Noch deutlicher wird Effi, als sie mit der frömmelnden und auf gesellschaftliche Sicherheiten bedachten Sidonie von einer Weihnachtsfeier heimfährt. Halb provoziert von Sidonies Vorwurf, dass sie sich recht sorglos aus dem mit keinerlei Schutzleder versehenen Schlitten lehne, bekennt Effi, dass die Gefahr sie bezaubere: 'Wenn ich hinausflöge, mir wär' es recht, am liebsten gleich in die Brandung'. Damit ist die dritte und entscheidende Wiederkehr des Motivs vorbereitet und begründet. Als man die Schlitten wechseln muss, findet sich Effi in einem Gefährt mit dem in Leidenschaft entbrannten Crampas: Während es 'im Fluge' den anderen Schlitten nachgeht, entscheidet sich ihr Schicksal.
Hier ist ein für die Organisation des Romanes entscheidender Augenblick erreicht. – Die gesamte Entfaltung des Flugmotivs und seiner Elemente scheint immer wieder auf diesen einen Augenblick hinzudeuten. Es ist nicht schwer einzusehen, war-

um: Wer, meint Fontane, seiner tiefsten Natur nach den Betörungen einer solchen Schwerelosigkeit notwendig zustrebt, der kann nicht zu Recht schuldig gesprochen werden. Effi unterliegt in einem Augenblick süßen Schauerns jenseits bewusster Verantwortung; deshalb darf sie Ansprüche auf Milderungsgründe erheben. Effis Natur, an deren Zeichnung das Flugmotiv so entscheidenden Anteil hat, ist zugleich ihre Apologie."

Axel Wittkowski macht auf einige symbolhafte Motive religiösen Ursprungs sowie gewisse Züge der Resignation, die dem Geist des fin de siécle entspringen, aufmerksam:
"Effi hatte, als ihr Kind sich ganz entfremdet hatte, Instetten verurteilt, 'den Spieß umgekehrt', und sich damit noch weiter vom rechten Gefühl ihrer Schuld entfernt. In der idyllischen Natur des Elternhauses erreicht sie nicht nur dieses 'rechte' Gefühl von Schuld, Reue und Scham, sondern darüber hinaus die verständnisvolle Versöhnung mit allem, was Instetten tat, tun musste als einer, 'der ohne rechte Liebe ist'. Mag dies zu viel sein (denn faktisch bezeugt sie nicht mehr Liebe als er), so beeinträchtigt es doch nicht Effis Endzustand einer Verklärung mit religiöser Aura. Nur so hat die bildende Kunst des Jahrhunderts 'Verklärung' verstanden, und deren religiöse Symbolik oder Emblematik findet sich eingewoben in den Text. Der Anfang ist der 'hortus conclusus', wo Maria die Verkündigung erfährt. Effi verstößt jedoch die ihr angebotene TugendRolle und tut den Sündenfall mit Crampas, nachdem bei Förster Ring ein Bild vom Jüngsten Gericht sie beide konfrontierte. Am Ende ruht sie wieder im hortus conclusus, und zwar auf dem Platz der Sonnenuhr, eines Gottessymbols, mit dem Kreuz und der Blume, die sich der Sonne zuwendet, dem Heliotrop. Effis 'Sehnsucht' nach 'Ruhe' und Rückkehr in die 'himmlische Heimat' hat sich erfüllt. Rechtfertigt der letzte Biss in den Apfel sie als Eva, so im Sinne Kleists als zweites Essen vom Baum der Erkenntnis und Wiedereinkehr ins Paradies durch das unendliche Bewusstsein. Der Schluss erinnert auch an Goethes Ottilie. Doch während deren Erhöhung zum Heiligenbild im Zwielicht eines ironischen GlaubenWollens erscheint, wird Effi zum Gegenstand endgültig frommmitleidiger Erinnerung. Das Schlusskapitel lässt konkrete Vorgänge wechseln mit raffender Rück und Zusammenschau, deren Perspektive sich in den Schlussbetrachtungen der Eltern

Briest vollends gleichsam verewigt. Wie bei Goethe gelangen die Hauptfiguren über ichbezogene und konventionelle Urteile schrittweise zu vollem Erkennen. Ihr resignierendes Entsagen hilft die voll anerkannte Schuld ertragen, indem der Lebens und Liebestrieb auf sich selbst verzichtet. Das forderte Schopenhauer; und Fontane stimmte sich darauf ein, indem er seinen Figuren (außer Crampas) bereits nur die halben Leidenschaften der *Dekadence* des fin de siécle – und seiner eigenen Persönlichkeit mitgab; damit wich er dem tragischen Eklat aus, nicht der Tragik. Ebenso wenig sollten der Humor und das liebenswürdige Detail hinwegtäuschen über die Klischees, in denen die Gesetze der Gesellschaft den Menschen hier in trügerischer Sicherheit wiegen, zu Missgriffen verführen, elendiglich zugrunde gehen lassen."

Pierre Bange untersucht in den folgenden Betrachtungen die Rolle der männlichen Romanfiguren in Effis Leben: „Spricht man von Humor in 'Effi Briest', so denkt man sofort an den Vater Briest. In seinem berühmten Wort vom 'weiten Feld' des Lebens kommt seine lächelnde Skepsis, seine Auffassung des Lebens als etwas Widerspruchsvolles, Doppeldeutiges zum Ausdruck. In seiner Haltung paaren sich Verständnis für den Menschen, Mitfühlen mit dem Einzelnen, eine gewisse Distanz gegenüber der gesellschaftlichen Konvention, in der er lebt, und eine gewisse Machtlosigkeit angesichts ihrer Forderungen. Zwischen Effi und Innstetten besteht kein erotisches Band, sie sind keine Liebenden. Dagegen hat Innstetten früher um die Hand von Effis Mutter geworben. In der Phantasie der noch halb kindhaften Effi nimmt er aber leicht die Gestalt eines Vaters an. Innstetten hat außerdem Effi gegenüber eine Funktion der gesellschaftlichen Integration; er sichert ihr eine beneidenswerte Stellung. Nach ihrer Schuld hat er eine Funktion der gesellschaftlichen Repression. Innstetten ist auch noch ein 'Erzieher', wie Effi sagt. Er spielt also die Rolle eines strengen, repressiven Vaters, während der Vater Briest die Rolle eines gütigen Vaters innehat.
... Der junge, lebensfrohe, verliebte Leutnant Dagobert von Briest ist kaum eine Gestalt, außer in der Phantasie Effis. Da ist er im Gegenteil eine sehr lebendige Figur, die sich während der Verlobungszeit in Effis Vorstellung immer wieder vor das ernsthafte, ja traurige, trotz aller Anstrengung unliebsame Bild Innstettens

schiebt. Für die bevorstehende Heirat mit Innstetten, in die sie nur widerstrebend einwilligt, gäbe Dagobert eine glückliche Ersatzlösung. Eine ähnliche Rolle fällt Crampas zu: bei ihm sieht Effi eine Befreiung von der bedrückenden Wirklichkeit der Ehe..."

Am Schluss stehen die Bemerkungen **Hans H. Reuters** über ein „dramaturgisches Hilfsmittel", mit dem Fontane, sich scheinbar über die Logik des Handlungsablaufes hinwegsetzend, innere Zusammenhänge zur Geltung brachte: „Immer bewusster hatte er sie (die Kapiteleinteilung) als Kunstmittel handhaben gelernt, als Möglichkeit, mit unauffälligem Zwang den Leser dahin zu bringen, die Gewichte der Handlung nach dem Bauplan des Werkes zu verteilen und damit schließlich auch die Entscheidung des Dichters nachzuvollziehen. Selbst vor abrupten und gewaltsamen – rein stofflich gesehen, scheinbar sinnwidrigen – Zäsuren schreckte er nicht zurück, wenn es galt, den Eintritt in eine neue Phase der Entwicklung des Geschehens zu markieren. Die Kapitelgrenzen laufen dann unbekümmert mitten durch das dichteste zeitliche Kontinuum, während breite chronologische Einschnitte in das Kapitel selbst verlegt werden. Es genügt, auf das Beispiel des 17. und 20. „Effi Briest"Kapitel zu verweisen."

5. Effi Briest im Unterricht

Ideenskizze
Es fehlt nicht an modernen Themen und Texten für den gegenwärtigen Literaturunterricht. Um beispielsweise „Liebe", „Partnerschaft" oder „Ehe" zu thematisieren, muss man nicht auf diesen Roman Fontanes zurückgreifen. Es gibt konkretere Anknüpfungs und Identifikationsbeispiele, denen für den Literaturunterricht interessante Untersuchungs und Diskussionsaspekte abzugewinnen sind.

Wer sich dennoch mit Fontanes „Effi Briest" im Literaturunterricht befassen möchte, darf sicher sein, damit in einer unvoreingenommenen Lerngruppe „landen" zu können Unter den leitenden Stichwörtern „gesellschaftliche Konvention, Stellung der Frau und Ehe" im

> **gesellschaftliche Konvention, Stellung der Frau und Ehe**

angesprochenen Roman werden auf den folgenden Seiten Aspekte formuliert, die im Hinblick auf die Romanrezeption und auf die Auseinandersetzung mit gesellschaftlichen sowie persönlichen „Wertvorstellungen" ausgeschöpft werden wollen. Gerade im Zusammenhang mit Fragen einer (wieder einmal diskutierten) Werterziehung im Literaturunterricht ist Fontanes Roman ein vielschichtiges Medium. Mit dem Blick auf einen „offenen Unterricht" wird auf die Angabe einer strukturierten UnterrichtsSequenz an dieser Stelle verzichtet.

Wenige Wochen, nachdem Fontane das Manuskript der „Effi Briese" abgeschlossen hatte, schrieb er in einem Brief an Friedrich Stephany die für seine Intentionen aufschlussreichen Bemerkungen: „Liebesgeschichten, in ihrer schauderösen Ähnlichkeit, haben was Langweiliges, – aber der Gesellschaftszustand, das Sittenbildliche, das versteckt und gefährlich Politische, das diese Dinge haben (...), das ist es, was mich sehr daran interessiert." (2.7.1894)

Die Titelheldin des Romans, ein durch und durch liebenswertes und sympathisches Menschenkind, wird durch die starren Konventionen einer aristokratischen Gesellschaft, die keine Rücksicht auf individuelles Liebes oder Glücksverlangen nimmt, zerbrochen. Ihre Ehe wurde nicht aus Liebe oder Neigung geschlossen; die Verlobten hatten vor dem Gelöbnis kaum ein Wort unter vier Augen gesprochen, von Zärtlichkeiten ganz zu schweigen. Effi beugte sich nicht nur widerspruchslos dem Willen der Eltern, sie folgte auch dem durch Erziehung angelegten Ehrgeiz, eine privilegierte Rolle in der Gesellschaft an der Seite eines Mannes „von Charakter, von Stellung und guten Sitten" zu spielen. Sie meinte, jeder sei der Richtige, wenn er nur von Adel ist, eine Stellung habe und gut aussehe. Damit unterwarf sich Effi den herrschenden Konventionen ihres Standes, ganz wie es die Gesellschaft, repräsentiert von ihrer Mutter, von ihr erwartete.

Der Siegeszug des bürgerlichen Kapitalismus bedrohte auch im wilhelminischen Preußen die privilegierte Stellung des Adels. Seine eigentliche soziale Funktion als Ritterstand, die er im Mittelalter besaß, hatte er schon lange eingebüßt, und die Vorrechte, wie Steuerfreiheit, Erbuntertänigkeit der Bauernschaft, Patrimonialgerichtsbarkeit, Patronat und Jagdrecht, fielen nach und nach den bürgerlichen Reformen des 19. Jahrhunderts zum Opfer. Noch war der Adel im Besitz der führenden Positionen in Staat und Armee; die leitenden Staatsmänner, Beamten und die meisten Offiziere waren Adlige. Ein wichtiges Mittel zur Aufrechterhaltung der ständischen Privilegien war die Exklusivität des Adels. Dazu gehörte die ungeschriebene Regel, die Angehörigen des Adels nur standesgemäße Ehen gestattete. Ehen mit Bürgerlichen verstießen gegen die Etikette. Einen Einbruch in diese Konventionen bildete die um sich greifende Übung, dass verschuldete Adlige ihre Vermögensverhältnisse durch eine Geldheirat, eine „Messalliance" mit Angehörigen des reichen Bürgertums, sanierten. Instettens Lebensverhältnisse machten keine Geldheirat notwendig; eine Liebesheirat war es deshalb noch lange nicht, die er mit dem Ritterschaftsrat von Briest und seiner Gattin aushandelte. dass Effi die Tragweite dieser Entscheidung nicht übersehen kann, ist nicht nur ihrer Jugend zuzuschreiben. Es entsprach guter aristokratischer Sitte, die heranwachsenden Töchter möglichst lange im Zustand naiver Unschuld zu belassen. Effi wuchs in der Idylle des ländlichen Adelssitzes ihrer Eltern auf, ohne eine reale Vorstellung von den Tatsachen und Verhältnissen außerhalb ihrer kleine, engen Welt zu entwickeln. Sie war ganz einfach nicht darauf vorbereitet, den ihr ganzes Leben bestimmenden Schritt auch nur mitzuentscheiden. Damit ist und bleibt sie ein Objekt fremder Entscheidungen: Wie eine Ware wird sie von ihren Eltern an den Ehemann veräußert, um später als ungeeignet zum weiteren Gebrauch ihren Eltern zurückgegeben zu werden. Ein Stigma dieser Ehe ist die Sprachlosigkeit. Fast wortlos aneinandergebunden, leben die Eheleute halbfremd nebeneinander, statt dem vertrauten, zärtlichen Gespräch nur Anekdoten und Plaudereien, er immer im Dienst, und „immer nur Zigarre", sie alleingelassen mit ihren Sorgen und Ängsten. So musste die Existenz eines Gieshüblers, eines Crampas oder einer Roswitha, allesamt Ersatz-Bezugspersonen, die ihrer inneren Vereinsamung als willkommene Dialogpartner entgegenwirkten, wie eine Erlösung empfunden werden. Charakteristisch für diese Beziehung, genannt Ehe, ist auch die Tatsache, dass sie ebenso wortlos beendet wurde, wie sie begann.

Die Ehe war in der „guten Gesellschaft" der wilhelminischen Epoche ein Gegenstand des höchsten öffentlichen Interesses, ihre Auflösung für die Betroffenen, ohne Rücksicht auf die Ursachen, eine gesellschaftliche Katastrophe; sie machte die geschiedene Frau zur Unperson. Den herrschenden Konventionen entsprach es, um jeden Preis den Anschein einer guten Ehe aufrechtzuerhalten, auch wenn sie durch Lieblosigkeit und Entfremdung innerlich längst ausgehöhlt war. „Oft ist es gut, dass es statt Licht und Schimmer ein Dunkel gibt", meint Effis Mutter. Als der alte Briest scherzhaft konstatierte, der Hund Rollo sei ihr fast mehr ans Herz gewachsen als Mann und Kind, betonte Effi, Instetten sei ein Mann von Ehre und liebe sie. dass sie ihn ebenfalls liebe, kam ihr nicht über die Lippen, obwohl sie dem Vater glauben machen wollte, es sei alles in bester Ordnung.

Instetten sah schon am Beginn das Glück seiner Ehe bedroht und benutzte Effis Gespensterfurcht, um sie mit der Spukgeschichte von dem Chinesen vom „Schritt vom Wege" abzuhalten. Die Spukerscheinungen, die im landrätlichen Haus sich in seiner Abwesenheit ereigneten, kamen ihm gerade recht, um Effis panische Angst am Leben zu erhalten. Obwohl er selbst als aufgeklärter Mann gegen Spuk gefeit ist, weiß er als „geborener Erzieher", dass Effis von Ängsten gequälte Seele sich um so stärker an ihn klammern musste.

Die Ehe der Instettens wurde nicht durch menschliche Bindungen, wie Liebe und Zuneigung und gemeinsame Interessen, sondern durch den Zwang der Konventionen zusammengehalten. An dieser Stelle ist es angebracht, Fontane unmittelbar mit seinen eigenen Ansichten zu Wort kommen zu lassen. So schrieb er über die Ehe seines Jugendfreundes Bernhard v. Lepel: ... Bei allem höchsten Respekt vor Frau von L. (Lepel), hab ich doch die Ansicht, dass man aus Prinzipienreiterei nicht Menschen an ihrem Glück behindern soll, oder an dem was sie, wohl oder übel, als ihr Glück ansehen. Von strengsten kirchlichen Standpunkten aus, muss man sich natürlich anders zu dieser Frage stellen, aber diese strengsten Standpunkte sind eben nicht die meinigen. Einfach menschlich müsste man sagen: sie sind innerlich und äußerlich längst geschieden; warum also die Kette weiter nutzlos durchs Leben schleppen? Ob ihm in Folge dieser Trennung und durch dieselbe ein besonderes Glück erblühen wird, das müssen wir abwarten. Niemand weiß es, niemand kann es wissen, denn wir kennen ja den Gegenstand, dem sein 54jähriges Herz (durchlöchert wie eine alte Schießscheibe) entgegenschlägt."

Mit Bezug auf die Frauengestalten der Romane seiner Altersjahre schrieb Fontane an den Schriftsteller Colmar Grünhagen: „Ich war nie ein Lebemann, aber ich freue mich, wenn andre leben, Männlein wie Fräulein. Der natürliche Mensch will leben, will weder fromm noch keusch noch sinnlich sein, lauter Kunstprodukte von einem gewissen, aber immer zweifelhaft bleibenden Wert, weil es an Echtheit und Natürlichkeit fehlt. Dies Natürliche hat es mir seit langem angetan, ich lege nur darauf Gewicht, fühle mich nur dadurch angezogen, und dies ist wohl der Grund, warum meine Frauengestalten alle einen Knax weghaben. Gerade dadurch sind sie mir lieb, ich verliebe mich in sie, nicht in ihre Tugenden, sondern um ihrer Menschlichkeiten, d. h. um ihrer Schwächen und Sünden willen. Sehr viel gilt mir auch die Ehrlichkeit, der man bei den Magdalenen mehr begegnet als bei den Genoveven. Dies alles, um Cecile und Effi ein wenig zu erklären."

Fontane hebt als ein wesentliches Merkmal des natürlichen Menschen, von dem er sich besonders angezogen fühlt, die Ehrlichkeit hervor. Im Gegensatz dazu steht der Ehrenkodex der „falschen Ehre", von dem er sich besonders abgestoßen fühlte. Jede Verletzung dieses Ehrenkodex verlangt Genugtuung, euphemisierende Bezeichnung für ein aus dem mittelalterlichen Rittertum überkommenes Ritual, das in lang anhaltenden Friedensperioden die Erhaltung der Wehrfähigkeit des Adels sichern sollte. Dieser Kodex existierte nur für „Personen von Stand", nur sie waren satisfaktionsfähig. Dieser Kodex, der in bestimmten Fällen kategorisch und unerbittlich, bei Strafe gesellschaftlicher Ächtung, das Duell als Akt der Selbstjustiz forderte, stand völlig außerhalb der für eine zivilisierte Gesellschaft geltenden Ansichten über Recht und Gesetz. Die Institutionen, die für ihre Achtung und Befolgung zu sorgen hatten, tolerierten jedoch diese atavistischen Bräuche; notfalls sanktionierte sie der Landesherr auf dem Gnadenwege.

Innstetten ist sich der ethischen Haltlosigkeit seines rigorosen Vorgehens voll bewusst. Er gesteht seinem Freund Wüllersdorf noch vor dem Duell, ohne jedes Gefühl von Hass oder Rache zu sein, und er könne auch ohne das „rechte Glück" weiterleben. „Aber im Zusammenleben mit den Menschen hat sich ein Etwas ausgebildet, das nun mal da ist und nach dessen Paragraphen wir uns gewöhnt haben alles zu beurteilen, die andern und uns selbst. Und dagegen zu verstoßen, geht nicht; die Gesellschaft verachtet uns, und zuletzt tun wir es selbst und können es nicht aushalten und jagen uns eine Kugel durch den Kopf ... Alles noch einmal, nichts von Hass oder dergleichen, und um eines Glückes willen, das mir genommen wurde, mag ich nicht Blut an den Händen haben; aber jenes, wenn Sie wollen, uns tyrannisierende GesellschaftsEtwas, das fragt nicht nach Scharm und nicht nach Liebe und nicht nach Verjährung. Ich habe keine Wahl. Ich muss."

Fontanes ablehnende Haltung gegenüber der Duelliererei des Adels spricht auch aus den Betrachtungen über den Fall des 1856 im Duell getöteten Berliner Polizeipräsidenten Ludwig v. Hinkeldey im 14. Kapitel von „Irrungen und Wirrungen": „Und warum? Einer Adelsvorstellung, einer Standesmarotte zuliebe,

...htiger war als alle Vernunft, auch mächtiger als das ... dessen Hüter und Schützer zu sein er recht eigentlich die Pflicht hatte." (vgl. Fußnote 24)

Fontanes Hochachtung vor dem weiblichen Geschlecht und die Anteilnahme am Schicksal der Frau in einer autoritärpatriarchalisch strukturierten Klassengesellschaft kommt in der liebevollen Zeichnung seiner Frauengestalten zum Ausdruck. Damit nahm er auch Stellung gegen eine um sich greifende Weiberfeindlichkeit, die unter dem Einfluss der bei einem Tei des Bürgertums in Mode gekommenen Philosophie Arthur Schopenhauers (1788 bis 1860) mehr und mehr um sich griff. Mit der Schopenhauerschen Philosophie war Fontane durch die Teilnahme an den Dienstagsgesprächen des Hofpredigers Karl Friedrich Adam Windel (1840 bis 1890) in Berührung gekommen. Bereits im Sommer 1873 hatte er sich in Tabarz mit Schopenhauers Schrift befasst, die bei ihm zum Teil auf heftige Abneigung stieß. Im Abschnitt „Über die Weiber" in seinen „Parerga und Paralipomena",, das mit einer Ablehnung des Schillerschen Gedichtes „Würde der Frauen" beginnt, bezeichnete Schopenhauer die Frauen als „kindisch, läppisch und von schwacher Vernunft". Vor allem schreibt er ihnen alle nur denkbaren charakterlichen Mängel zu: Ungerechtigkeit, Falschheit, Treulosigkeit und Verrat. Sie seien nur zur Fortpflanzung des menschlichen Geschlechtes nütze, im übrigen „schon ihrer Natur nach zum Gehorchen bestimmt." Sie hätten weder auf Ehrfurcht noch Achtung Anspruch und stünden in jeder Hinsicht tief unter dem Mann. Er schlug die Vielweiberei vor, weil sie allein den Bedürfnissen des Mannes entsprach und durch sie „auch das Weib auf ihren richtigen und natürlichen Standort zurückgeführt" werde.

Diese Ansichten erregten Fontanes heftigsten Unwillen. Um 1884 schrieb er: „Das ganze Kapitel 'Über die Weiber' ist das Gequassel eines eigensüchtigen, vorurteilsvollen, persönlich vergrätzten alten Herrn ... Ich halte das, was er über die Weiber sagt, im wesentlichen für falsch. Die Sünde begleitet unser Leben und die Fleischessünde womöglich doppelt. Das gilt vom Genus homo überhaupt, ob männlich, ob weiblich. Zu behaupten, dass die Weiber sinnlicher und in ihrer Sinnlichkeit rücksichtsloser seien als Männer, ist sehr gewagt ... Den Harem und seine Wirtschaft über unser okzidentales Frauenleben stellen wollen heißt überhaupt gegen Freiheit, Menschenrecht und Menschenwürde sich flau und selbst gegensätzlich zu stellen. Man muss dann auf Sklaventum und Hörigkeit zurückgreifen." Fontanes Kritik gipfelte in den bekenntnishaften Worten: „Ein Philosoph, ein aufs Geistige gestellter Mann kann dergleichen nur sagen, wenn er zu gleicher Zeit ein krasser Egoist ist, der für sich Freiheit fordert, den Rest der Menschheit aber als inferiores Pack ansieht, das in Harem oder Hörigkeit seine Tage verbringen mag."

6. Literaturauswahl

Theodor Fontane, Sämtliche Werke. Herausgegeben von Edgar Groß, Kurt Schreinert, Rainer Bachmann, Charlotte Jolles, Jutta Neuendorff-Fürstenau. 24 Bände. München 1959 ff.
Romane und Erzählungen in drei Bänden. Hg. von Helmuth Nürnberger. München 1985.
Effi Briest. Hamburg 1984. – Nach dieser Ausgabe wird zitiert.
Schriften zur Literatur. Hg. von HansHeinrich Reuter. Berlin 1960
Briefe Theodor Fontanes. Zweite Sammlung. Hg. von Otto Pniower und Paul Schlenther. Zwei Bände. Berlin 1910.
Briefwechsel mit Wilhelm Wolfsohn. Hg. von Wilhelm Wolters. Berlin 1910.
Briefe an Georg Friedländer. Hg. und erläutert von Kurt Schreinert. Heidelberg 1954.
Briefe in zwei Bänden. Ausgewählt und erläutert von Gotthard Erler. Berlin-Weimar 1968.
Briefe an den Verleger Rudolf von Dekker. Mit sämtlichen Briefen an den Illustrator Ludwig Burger und zahlreichen weiteren Dokumenten. Hg. von Walter Hettche. Heidelberg 1988.

Kenneth Attwood, Fontane und das Preußentum. Diss. Hamburg 1969/Berlin 1970.
Gordon A. Craig, Die preußischdeutsche Armee von 1640-1945. Düsseldorf 1960.
Das Ende Preußens. Acht Portraits. München 1989.
Gerd Heinrich, Geschichte Preußens: Staat und Dynastie. Frankfurt/M. 1981
John C. G. Röhl, Kaiser Wilhelm fl. New Interpretations. Cambridge 1982. Nicolaus Sombart (Hg.)

In der zu Theodor Fontane nachstehend aufgeführten Literatur finden sich gehäuft Auseinandersetzungen mit der preußischen Geschichte

---

*) Neu herausgegeben von Christa Schultze. Berlin-Weimar 1988.

Hugo Aust, Theodor Fontane: „Verklärung". Eine Untersuchung zum Ideengehalt seiner Werke. Bonn 1974.
Richard Brinkmann, Theodor Fontane. Über die Verbindlichkeit des Unverbindlichen. München 1967.
Peter Demetz, Formen des Realismus: Theodor Fontane. Kritische Untersuchungen. München 1964.
Edeltraut Ellinger, Das Bild der bürgerlichen Gesellschaft bei Theodor Fontane. Würzburg 1970.
Fritz Martini, Deutsche Literatur im bürgerlichen Realismus 1848-1898. Stuttgart (3. Auflage) 1974
Ingrid Mittenzwei, Die Sprache als Thema. Untersuchungen zu Fontanes Gesellschaftsromanen. Bad Homburg 1970.
Katharina Mommsen, Gesellschaftskritik bei Fontane und Thomas Mann. Heidelberg 1973.
Hans Oelschläger, Theodor Fontane. Sein Weg zum Berliner Gesellschaftsroman. Diss. Marburg 1954.
Hubert Ohl, Bild und Wirklichkeit. Studien zur Romankunst Raabes und Fontanes. Heidelberg 1968.
Wolfgang Preisendanz, Humor als dichterische Einbildungskraft. München 1963.
Hans-Heinrich Reuter, Fontanes Realismus. Wissenschaftliche Konferenz zum 150. Geburtstag Theodor Fontanes in Potsdam. Berlin 1972.
Karl Richter, Resignation. Eine Studie zum Werk Theodor Fontanes. Stuttgart-Berlin 1966.
Wilfried Richter, Das Bild Berlin nach 1870 in den Romanen Theodor Fontanes. Diss. Berlin 1955.
Wolfgang E. Rost, Örtlichkeit und Schauplatz in Fontanes Werken. Berlin-Leipzig 1931.
Hans C. Sasse, Theodor Fontane. An Introduction to the Novels and Novellen. Oxford 1968.
Jost Schillemeit, Theodor Fontane. Geist und Kunst seines Alterswerkes. Zürich 1961.
Josef Siegmund, Tanner Die Stilistik Fontanes. Untersuchungen zur Erhellung des Begriffes „Realismus" in der Literatur. Den HaagParis 1967.
UlrikeTontsch, Der „Klassiker" Fontane. Ein Rezeptionsprozess. Bonn 1977.

Lieselotte Voss, Literarische Präfiguration dargestellter Wirklichkeit bei Fontane. Zur Zitatstruktur seines Romanswerks. München 1985.

Pierre Bange, Humor und Ironie in „Effi Briest". In: Fontanes Realismus. Berlin 1972.

Hellmuth Barnasch, Zur Analyse der Komposition. Fontanes „Effi Briest". In: Zeitschrift für Erziehungs- und Bildungsaufgaben im Deutschunterricht 6 (1953),12, S. 643-649.

Marianne Bonwit, „Effi Briest" und ihre Vorgängerinnen Emma Bovary und Norma Helmer. In: Monatshefte (Wisconsin), Jg. XI (1948), S.445456.

Hanna Geffcken, „Effi Briest" und „Madame Bovary". In: Das literarische Echo, Jg. XXII (1921), S. 523-527.

MaryEnole Gilbert, Fontanes „Effi Briest". In: Der Deutschunterricht XI (1959), S. 63-75.

Christian Grawe, Führer durch die Romane Theodor Fontanes. Ein Verzeichnis der darin auftauchenden Personen, Schauplätze und Kunstwerke. Frankfurt-Berlin-Wien 1980.

Theodor Fontane, „Effi Briest". Grundlagen und Gedanken zum Verständnis erzählender Literatur. Frankfurt/M. 1986.

Elsbeth Hamann, Theodor Fontane, „Effi Briest". München 1981 (Interpretationen für Schule und Studium).

Peter Meyer, Die Struktur der dichterischen Wirklichkeit in Fontanes „Effi Briest". Diss. München 1960; Marburg 1961.

Walter MüllerSeidel, Fontanes „Effi Briest". Zur Tradition des Eheromans. In: Wissenschaft als Dialog. Stuttgart 1969, S. 30-58.

Jürgen Rothenberg, Realismus als „Interessenvertretung". Fontanes „Effi Briest" im Spannungsfeld zwischen Dichtungstheorie und Schreibpraxis. In: „Euphorion" 71 (1977) 2, S. 154-168.

Max Rychner, „Effi Briest". In: M. R. Welt im Wort. Zürich 1949, S. 249-266.

Walter Schafarschik (Hg.), Theodor Fontane. „Effi Briest". Erläuterungen und Dokumente. Stuttgart 1972 (R UB 8119/19a).

PeterKlaus Schuster, Effi Briest – ein Leben nach christlichen Bildern. Tübingen 1978.

Hans Werner Seiffert, Fontanes „Effi Briest" und Spielhagens „Zum Zeitvertreib". Zeugnisse und Materialien. In: Studien zur neueren deutschen Literatur, herausgegeben von H. W. S. Berlin 1964, S. 225-300.

– Zu Fontanes „Effi Briest". In: Fontanes Werk in unserer Zeit. Potsdam 1966, S.81-94.

Dietrich Weber, „Effi Briest" – „Auch ein Schicksal". Über den Andeutungsstil bei Fontane. In: Jahrbuch des Freien Deutschen Hochstifts, S. 457-474.

Hermann Fricke, Theodor Fontane. Chronik seines Lebens. Berlin-Grunewald 1960.

Charlotte Jolles, Fontane und die Politik. Ein Beitrag zur Wesensbestimmung Theodor Fontanes. Bernburg 1936.

Theodor Fontane, Stuttgart 1972.

Gottfried Kricker, Theodor Fontane. Der Mensch, der Dichter und sein Werk. BerlinHalensee1921.

Georg Lucacs, Der alte Fontane. In: G. L. Deutsche Realisten des 19. Jahrhunderts. Berlin 1952, S. 262-307.

Thomas Mann, Der alte Fontane. Gesammelte Werke Bd. IX. Frankfurt/M. 1960, S. 934.

Katharina Mommsen, Theodor Fontanes „Freies Darüberstehen". In: Dichter und Leser. Studien zur Literatur, herausgeben von Ferdinand van Ingen (u. a.). Groningen 1972, S. 89-93.

Helmuth Nürnberger*, Theodor Fontane mit Selbstzeugnissen und Bilddokumenten. Hamburg 1991 (98.101. Tsd.).

Hans-Heinrich Reuter, Fontane. 2 Bände. Berlin 1968.

Theodor Fontane, Grundzüge und Materialien einer historischen Biographie. Leipzig 1969.

Franz Servaes, Theodor Fontane. Ein literarisches Portrait. BerlinLeipzig 1900.

Ursula Wiskott, Französische Wesenszüge in Theodor Fontanes Persönlichkeit und Werk. Diss. Berlin 1938; Gräfenhainichen 1938.

Peter Wruck, Preußentum und Nationalschicksal bei Theodor Fontane. Diss. Berlin 1967.

Maria von Bunsen, Die Welt in der ich lebe. Erinnerungen aus glücklichen Jahren 1860-1912. Leipzig 1929.

Felix Dahn, Erinnerungen. 2 Bände. Leipzig 1891.

Mete Fontane, Briefe an die Eltern 18801882. Herausgegeben und erläutert von Edgar R. Rosen. Berlin 1974.

Henriette von Merckel, Aufzeichnungen über die Familie Fontane 1865-1888. In: Joachim Schobess. Theodor Fontane. Potsdam 1962, S. 189-197.

Verfilmungnen

Rosen im Herbst. BRD 1955.
 Regie: Rudolf Jugert.
 Drehbuch: Horst Budjuhn.
Effi Briest. DDR 1970 (Fernsehproduktion für das DFF).
 Regie und Drehbuch: Wolfgang Luderer.
Effi Briest. BRD 1974.
 Regie und Drehbuch: Rainer Werner Fassbinder.

Lernhilfen und Kommentare für Schüler

Geist Alexander, *Theodor Fontane, Effi Briest.* München 3. Aufl. 1999 (= Mentor Lektüre Durchblick)
 (Recht knapper, aber für einen ersten Eindruck gut geeigneter Überblick über den Roman, seinen historischen Kontext und einige zentrale Themenbereiche)
Hamann, Elsbeth, *Theodor Fontane, Effi Briest.* Interpretationen. 1981, München, 2. überarbeitete Auflage 1988
 (Ausführliche Interpretation mit stellenweise literaturwissentschaftlichem Anspruch; gründliche Analyse der Strukturmerkmale)
Fontane, Theodor, *Effi Briest,* Königs Erläuterungen und Materialien. Hollfeld, 6. Auflage 2006
Reisner, Hanns-Peter und **Siegle, Rainer:** *Lektürehilfen Theodor Fontane, Effi Briest.* Stuttgart/Düsseldorf/Leipzig, 6. Auflage 1988
 (Verständlicher Durchgang durch den Roman und die wesentlichen thematischen und gestalterischen Aspekte)
Schafarschik, Walter: *Erläuterungen und Dokumente. Theodor Fontane, Effi Briest.* Stuttgart 1997
 (Ausführliche Erklärung und Dokumente zur Werkgeschichte und -rezeption)

Analysen & Reflexionen

Interpretationen und didaktische Anweisungen

AR 36	**Absurdes Theater**
AR 81	**Amphitryon** (Plautus bis Hacks)
AR 71	**Andersch, Alfred:** Sansibar oder Der letzte Grund/ Vater eines Mörders/Fahrerflucht/Der Tod des James Dean
AR 87	**Barock:** Interpretationen zur deutschen Lyrik vom Barock bis zur Klassik
AR 59	**Benn, Gottfried:** Lyrik und Prosa
AR 8	**Böll, Heinrich:** Ansichten eines Clowns
AR 41	**Böll, Heinrich:** Die verlorene Ehre der Katharina Blum oder Wie Gewalt entstehen und wohin sie führen kann
AR 73	**Borchert, Wolfgang:** Draußen vor der Tür und vermischte Schriften
AR 89	**Boyle, Thomas C.:** The Tortilla Curtain
AR 3	**Brecht, Bertolt:** Der gute Mensch von Sezuan/Leben des Galilei
AR 26	**Brecht, Bertolt:** Leben des Galilei
AR 19	**Brecht, Bertolt:** Mutter Courage und ihre Kinder
AR 18	**Büchner, Georg:** Dantons Tod/Lenz/Woyzeck
AR 53	**Camus, Albert:** Das Mißverständnis
AR 12	**Camus, Albert:** Die Pest
AR 88	**Camus, Albert:** Der Fremde
AR 48	**Droste-Hülshoff, Annette von:** Die Judenbuche
AR 67	**Dürrenmatt, Friedrich:** Der Besuch der alten Dame
AR 65	**Dürrenmatt, Friedrich:** Die Physiker
AR 64	**Dürrenmatt, Friedrich:** Der Richter und sein Henker
AR 16	**Dürrenmatt, Friedrich:** Der Verdacht/Der Besuch der alten Dame
AR 70	**Dürrenmatt, Friedrich:** Der Verdacht/Die Panne
AR 54	**Eichendorff, Joseph von:** Aus dem Leben eines Taugenichts
AR 61	**Fontane, Theodor:** Effi Briest
AR 9	**Frisch, Max :** Andorra/Biedermann und die Brandstifter
AR 17	**Frisch, Max:** Homo Faber
AR 15	**Frisch, Max:** Mein Name sei Gantenbein/Montauk/ Stiller
AR 62	**Goethe, Joh. Wolfgang v.:** Die Leiden des jungen Werthers
AR 30	**Goethe, Joh. Wolfgang v.:** Faust I. Teil
AR 79	**Goethe, Joh. Wolfgang v.:** Götz von Berlichingen
AR 77	**Goethe, Joh. Wolfgang v.:** Iphigenie auf Tauris
AR 75	**Goethe, Joh. Wolfgang v.:** Torquato Tasso

AR 32	**Hauptmann, Gerhart:** Die Weber
AR 49	**Heine, Heinrich:** Lyrik
AR 24	**Hesse, Hermann:** Der Steppenwolf/Siddhartha
AR 57	**Hoffmann, E. T. A.:** Das Fräulein von Scuderi/Der goldene Topf
AR 25	**Industriereportagen in der Arbeiterliteratur**
AR 42	**Kafka, Franz:** Das Schloß/Der Prozeß/Ein Brief an Max Brod
AR 22	**Kafka, Franz:** Das Urteil/Ein Hungerkünstler/Vor dem Gesetz
AR 33	**Kleist, Heinrich von:** Über das Marionettentheater/Das Käthchen von Heilbronn/Das Erdbeben in Chili/Die Marquise von O
AR 29	**Klepper, Jochen:** Werke
AR 47	**Lessing, Gotth. Ephraim:** Emilia Galotti
AR 10	**Lessing, Gotth. Ephraim:** Nathan der Weise
AR 37	**Mann, Heinrich:** Der Untertan/ Die Abdankung
AR 38	**Mann, Thomas:** Buddenbrooks
AR 60	**Mann, Thomas:** Der kleine Herr Friedemann/Tristan
AR 82	**Mann, Thomas:** Mario und der Zauberer
AR 55	**Mann, Thomas:** Tonio Kröger/Der Tod in Venedig
AR 72	**Orwell, George:** 1984/Farm der Tiere
AR 20	**Plenzdorf, Ulrich:** Die neuen Leiden des jungen W.
AR 83	**Roth, Josef:** Hiob
AR 56	**Saint-Exupery, Antoine de:** Der kleine Prinz
AR 39	**Salinger, Jerome D.:** Der Fänger im Roggen
AR 46	**Schiller, Friedrich:** Don Carlos
AR 44	**Schiller, Friedrich:** Kabale und Liebe
AR 43	**Schiller, Friedrich:** Maria Stuart/Die Schaubühne als moralische Anstalt betrachtet
AR 51	**Schiller, Friedrich:** Die Räuber
AR 5	**Schiller, Friedrich:** Wilhelm Tell
AR 80	**Seghers, Anna:** Das siebte Kreuz
AR 90	**Shakespeare:** Ein Sommernachtstraum
AR 84	**Shakespeare:** Romeo und Julia
AR 69	**Tieck, Ludwig:** Der blonde Eckbert/Der Runenberg/Die Elfen
AR 86	**Walser:** Ein fliehendes Pferd
AR 50	**Zuckmayer, Carl:** Der Hauptmann von Köpenick
AR 66	**Zweig, Stefan:** Schachnovelle

Joachim Beyer Verlag – 96142 Hollfeld
Telefon: 09274 - 95051 – Fax: 09274 - 95053
e-mail: info@BeyerVerlag.de, www.beyerverlag.de

Blickpunkt - Text im Unterricht

„Lesen" und „Interpretieren" von Texten dominieren seit jeher den Deutschunterricht unserer Schulen. Stets wird zunächst der Text zentraler BLICKPUNKT sein, und jede produktive und schöpferisch modulierte Arbeit wird nur entlang des gelesenen Textes erfolgen können.
In diesem Sinne will die Reihe BLICKPUNKT – TEXT IM UNTERRICHT jedem Lernenden und Unterrichtenden mit Interpretationen näherkommen, Sichtweisen und ergänzende Materialien, die den jeweiligen Text aufschließen, vermitteln.

- **BL 501** **Döblin, Alfred:** Berlin Alexanderplatz
  Koeppen, Wolfgang: Tauben im Gras
- **BL 502** **Dürrenmatt, Friedrich:** Das Versprechen
- **BL 503** **Rhue, Morton:** Die Welle (The Wave)
- **BL 504** **Expressionistische Lyrik**
- **BL 505** **Golding, William:** Herr der Fliegen (Lord of the Flies)
- **BL 507** **Grass, Günter:** Die Blechtrommel
- **BL 508** **Lessing, Gotth. Ephraim:** Nathan der Weise
- **BL 509** **Goethe, Joh. Wolfgang v.:** Die Leiden des jungen Werthers
- **BL 510** **Schiller, Friedrich:** Wilhelm Tell
- **BL 512** **Lenz, Siegfried:** Deutschstunde
- **BL 513** **Kafka, Franz:** Das Schloß/Der Prozeß
- **BL 514** **Sophokles:** Antigone
- **BL 515** **Brecht:** Leben des Galilei
- **BL 516** **Goethe, Joh. Wolfgang v.:** Iphigenie auf Tauris
  Brecht, Bertolt: Die heilige Johanna der Schlachthöfe
- **BL 517** **Remarque:** Im Westen nichts Neues
- **BL 518** **Kleinbaum:** Der Club der toten Dichter
- **BL 519** **Fontane:** Effi Briest
- **BL 520** **Süskind:** Das Parfüm
- **BL 521** **Schlink:** Der Vorleser
- **BL 522** **Brecht:** Der gute Mensch von Sezuan
- **BL 523** **Lessing:** Emilia Galotti
- **BL 524** **Hauptmann:** Die Weber
- **BL 525** **Böll:** Ansichten eines Clowns
- **BL 526** **Shakespeare:** Macbeth
- **BL 527** **Hesse:** Der Steppenwolf
- **BL 530** **Shakespeare:** Hamlet
- **BL 531** **Goethe:** Faust I
- **BL 532** **Zweig:** Schachnovelle

weitere Bände folgen!

Zu beziehen in Ihrer Buchhandlung!

Joachim Beyer Verlag - 96142 Hollfeld
Telefon: 09274 - 95051 - Fax: 09274 - 95053
e-mail: info@beyerverlag.de, www.beyerverlag.de